킬링 포인트?

킬링 포인트Killing Point는
문제의 핵심을 꿰뚫는 통찰력,
상대방의 마음을 읽고 단번에 설득하는
창의적 솔루션이다!

#1

초등학교 교실에서 선생님이 학생들에게 물었다.
"얼음이 녹으면 무엇이 되지요?"
모두들 "물이 돼요" 라고 답할 때, 구석에서 작은 목소리가
들려왔다 "봄이 돼요."

#2

웰빙 붐으로 매력을 잃어버린 피자 브랜드.
모두들 피자 시장은 끝났다고 했다. 조사 결과도 명백하다.
그러나 머리 숫자가 아닌 심장 박동수를 다시 체크한다.
조사 자료에서 '나도 모르게 피자가 당길 때가 있다' 에 집중한다.
콘셉트는 '피자 본능!' 슬로건은 '나도 모르게 헛! 피자헛'
피자 브랜드 1위의 자리를 굳건히 지키게 됐다

#3

출산한 아기 엄마들이 챙기는 비상약은 자양강장제.
영아기 때 배탈을 책임지는 약이다.
그래서 광고 콘셉트는 안전하고 효과있는 '균' 이다.
이름도 길고 어려운 균 싸움은 브랜드 차별력을 갖지 못했다.
산후조리원에서 킬링 포인트를 찾았다.
아기 건강을 체크하는 엄마들의 눈썰미는 똥!
이후 시장이 '균 싸움'에서 '똥 싸움'이 된 이유다.

#4

한 겨울, 점심 이후에 시작된 프레젠테이션.
배불리 점심을 먹고 온 심사위원들은 세 번째 순서인 피티에는
집중력이 떨어졌다. 중년의 그들은 반쯤 불 꺼진 회의실에서
이제 막 오수를 즐기려는 듯 보였다.
'잊히지 않는 브랜드 스토리를 만들어야 한다' 는 주장을
앞서 한 다른 회사와 차별성 있게 풀어야 한다. 그들을 깨우는 피티는?
프레젠터는 상투적인 인사를 집어치우고 노래로 피티를 시작했다.
"지금~그 사람 이름은 잊었지만…"
눈을 동그랗게 뜬 심사위원들이 자세를 고쳐 앉았다.

상대방의 마음을 읽기 위해선 숨겨진 설득 포인트를 찾아야 한다.
그들에게서 예스를 이끌어내는 비밀 포인트를 찾는 일,
그것이 킬링 포인트다!

잊힌 브랜드를 소비자 마음의 꼭짓점에 올려놓게 하는 것.
상대를 단번에 무장해제시키는,
그것에는 분명 설득의 비밀 포인트가 있다.
그것이 바로 킬링 포인트다!

킬링 포인트

킬링 포인트

초판 1쇄 2008년 7월 8일
초판 4쇄 2011년 4월 8일
개정판 1쇄 2013년 6월 10일

지은이 유재하
펴낸이 김정순
책임편집 변경혜 배경란
마케팅 김보미 임정진 전선경
펴낸곳 (주)북하우스
출판등록 1997년 9월 23일 제406-2003-055호

주소 121-840 서울시 마포구 서교동 395-4 선진빌딩 6층
전자메일 editor@bookhouse.co.kr
홈페이지 www.bookhouse.co.kr
전화번호 02-3144-3123
팩스 02-3144-3121

ISBN 978-89-5605-655-5 03320

Killing Point

전쟁같은 광고 경쟁에서 승리한
피티 여전사의 26년 기획 실전 매뉴얼

킬링 포인트

| 유재하 지음 |

북하우스

차례

Part 4 주목받는 광고에서 배우는 킬링 포인트

실전 분석을 통해 킬링 포인트를 찾는 응용력 높이기

프롤로그

문제를 단번에 풀 실마리, 킬링 포인트

올림픽대로를 타고 미사리를 지나 양수리 쪽으로 가다보면 골목 어귀에 재미있는 이름의 국수집이 있다. 그 이름은 '죽여주는 동치미 국수'이다.

직원들과 촬영장 가는 길에 그 간판을 발견한 우리는 흡사 빨려들 듯 식당으로 들어갔다. 찰지고 쫄깃한 면발에 이가 시리도록 시원하고 칼칼한 국물을 후루룩 들이키자 수세미 같았던 머릿속도 시원하게 뚫리는 느낌이었다. 촬영 문제로 긴장하고 있던 우리의 마음을 붙들었던 것은 '죽여주는'이라는 단어였다. 잘 해내야 한다는 긴장감으로 딱딱해진 심장에 그 단어가 꽂히자 마음이 완전히 무장해제되었던 것이다.

알고 보니 그 국수집은 꽤 유명한 집이었다. 물론 맛으로 입소문을 탔겠지만, 아마 첫 시작은 '죽여주는'이라는 상호가 아니었을까. 그것이 바로 사람의 눈을 끄는 킬링 포인트killing point였으니 말이다.

'죽여주는'

이 단어는 여태까지 내가 해온 일을 한마디로 정의해주는 것이었다. 지난 26년간 나는 클라이언트가 고개를 끄덕이고 소비자가 단번에 설득되는, 그런 한 줄의 카피와 한 방의 아이디어 찾기에 몰두해왔으니, 이것이야말로 '죽여주는' 그 하나 찾기가 아니고 무엇이란 말인가. '피 튀기는 전쟁'이라 하여 일명 '피티PT : Presentation의 약칭'라고 부르는 경쟁 프레젠테이션에서도 결국 중요한 것은 어느 회사가 '죽여주는' 포인트를 잡아왔느냐는 것이었다.

전쟁터와 같은 광고판에서 수백 건의 실전을 통해, 나는 어떻게 아이디어 하나로 상대를 설득하여 경쟁에서 이길 수 있을지 고민해왔다. 2등도 의미가 없는, 오로지 1등이어야만 수주가 되는 경쟁 피티 현장에서 그 '죽여주는' 포인트의 강도는 점점 더 예리해짐을 요구한다. 그렇기에 지난 26년간은 점점 더 날카로워져야 하는 칼을 품고 피티 무대에 서온 날들이었다. 그러다보니 어느 순간부터 나에게는 '피티 여전사'라는 타이틀이 따라다니고 있었다. 후배들이나 학생들, 그리고 각종 언론 인터뷰를 할 때마다 그들은 나에게 묻는다.

"어떻게 하면 피티에서 이길 수 있나요?"

"어떻게 하면 기막힌 아이디어를 찾을 수 있나요?"

그들 역시 상대를 단번에 사로잡을 어떤 것, 즉 '죽여주는' 무언가를 찾는 데 굶주려 있었다.

수백 건의 실전을 거치면서 내가 확신하게 된 것은, 기획이든 프레젠테이션이든 결국 핵심은 '그 사람을 어떻게 설득할 것이냐'의 문제라는 사실이다. 소비자든 클라이언트든 상사든 간에, 상대를 단번에 사로잡을 설득의 비법은 무엇일까? 그 해답이 바로 킬링 포인트이다. '나'라는 존재가 인정받게 될 때 비로소 상대는 나에게 설득이 된다. '인정'이 되면 감탄은 저절로 나오게 되어 있다.

"아, 정말 대단하네요! 이거 정말 죽이는데!"

영어권에서도 동일한 표현을 쓴다.

"It's killing!"

줄리아 로버츠의 미소는 '킬링 스마일'이며, 'killing me softly with his song그의 죽여주는 감미로운 노래'라는 오래된 팝송도 있다. 그에게 사로잡혀서 완전히 설득되었을 때의 반응은 문화권에 상관없이 동일하기 마련인 것이다.

그렇다면 이런 찬사를 얻으려면, 그래서 그들을 내 설득의 공간으로 완전히 끌어들이려면 어떻게 해야 할까? 죽여주는 포인트, 바로 킬링 포인트를 잡으면 된다.

논리를 뛰어넘는 그것, 킬링 포인트

어떤 문제든, 어떤 기획이든, 어떤 상대이든 반드시 공략점은 있다. 다만 그것을 발견하지 못하는 것뿐이다. 문제를 푸는 사람도, 답을 기다리는 사람도 모두 "맞아! 이거야!"라며 무릎을 칠 만한 바로 그 포인트, 그것이 바로 킬링 포인트이다.

전등을 켜면 어두운 방이 순식간에 밝아지듯이, 킬링 포인트는 나열된 복잡한 문제들을 거듭해서 단순화시킨 결과물이다. 이것은 어느 한 지점을 돋보기로 확대해서 보는 것이 아니라 마치 졸보기로 모아서 보는 것과 같다. 그래서 숲만 보는 것도 나무만 응시하는 것도 아닌, 전체를 하나로 꿰뚫는 기술이다. 킬링 포인트는 마치 체했을 때 체증을 뚫기 위해 사용하는 바늘과 같은 역할을 한다. 그러므로 킬링 포인트를 잡는 것은 바늘 하나를 잡는 것이다. 당신은 이제 그곳을 따주기만 하면 된다.

모그룹의 회장단 브리핑 때의 일이다. 새로운 광고캠페인 기획안이었는데, 실무진과의 협의는 이미 통과한 상태였고 최종 단계인 회장님 이하 임원진에게 기획안을 설명하고자 대기 중이었다. 아침 10시 브리핑 예정이었는데 시간은 계속 흘러 11시가 지나고 있었다. 홍보실장은 애를 태우며 비서실을 오갔고, 상황을 살피다가 슬며시 나를 다른 회의실로 데려갔다.

“큰일이네요. 8시부터 진행된 회의가 이렇게 늦어지니 아무래도 상황이 우리에게 안 좋을 것 같네요.”

긴 회의를 마치고 나오는 중역들을 다시 붙들어 앉혀 브리핑을 하면 다들 짜증이 날 테니, 우리의 기획안이 흔쾌히 접수되기 힘들 것 같다는 말이었다.

그런데 이보다 더 어려운 문제는 회장님이었다. 점심시간 임박해서 브리핑을 시작하니 짧게 하라고 재촉할 것이며, 활자가 들어간 설명은 필요 없으니 그림만 보여달라고 할 것이란다. 하지만 내 손에는 수십 페이지에 달하는 전략보고서가 들려 있었다. 기업 PR을 위해 하고 싶은 말이 많다는 회장님과 중역진의 사전 요구에 따라, 그림을 보기 전에 탄탄한 논리로 설명하라는 홍보실측 요청이 있었던 것이다.

방법을 찾아야 했다. 대개 이런 경우 “짧게 설명 드리겠습니다”나 “잠깐만 시간을 주시면”으로 집중도를 높여보려는 시도를 한다. 하지만 수십 페이지의 기획안을 짧게 설명하려면 말이 빨라져 듣는 사람들을 숨 가쁘게 하거나, 페이지를 빨리 넘기며 진행하게 되기 때문에 진지하지 못하고 성의 없게 느껴지기 십상이어서 오히려 역효과가 날 수 있다.

나는 홍보실장에게 골프공 몇 개만 준비해달라고 했다. 회장 비서실에는 여분의 수트와 기타 개인 물품들이 준비되어 있을 테니 당연히 골프공쯤이야 쉽게 구해왔다. 나는 골프공들을 이리저리 굴리다가 드디어 회장단 브리핑에 들어갔다.

"장시간 회의에 피곤하시죠? 그래서 저희는 바로 본론으로 들어가겠습니다."

중역들이 반기는 얼굴이었다. 그래서 한마디 더 이었다 "우리 회사광고주에게 브리핑할 때는 그들의 회사를 '우리 회사'라고 표현할 때가 많다. 한배를 탔다는 의식을 표현한 것이랄까에 대해 소비자에게 하고 싶은 말이 많으시죠? 이런 내용들이요…" 하면서 나는 6개들이 골프공 한 박스를 테이블 위에 쏟았다. 골프공들은 일제히 앞으로 굴러가다가, 중역진에게로 굴러 떨어질 기세였다. 중역들은 각각 하나씩 자신의 앞으로 굴러온 골프공을 잡아챘다. 발등에 떨어지면 꽤나 아플 테니 말이다.

"자, 이제 잡은 공에 무엇이 써 있는지 읽어봐주세요."

각각의 골프공에는 그들이 말하고 싶어하는 '일등기업', '글로벌 기업', '바른 기업' 등등의 모토가 써 있었다.

"이걸 15초 동안 한꺼번에 전부 쏟아넣고 소비자에게 한 번에 다 기억하라고 하긴 어렵겠죠? 여러분들도 한 분에 하나씩밖에 못 받으셨잖아요?"

회장님이 껄껄 웃었다.

"알았어요. 그래, 어떤 한마디를 넣겠다는 거요?"

이제 바통은 내게로 넘어왔다. 늘상 보아오던 방식으로 설명할 것이라는 편견을 무너뜨리는 것, 그래서 내 말에 집중하도록 만드는 것, 이것이 설득의 문을 여는 첫 킬링 포인트였던 것이다. 이처럼 킬링 포인트를 정확히 찍으면 사람들은 자연스럽게 내 의견에 귀 기울이게 된다. 이제 나는 말하고자 하는 바를 설명하기만 하면 되는 것이다. 이날 브리핑이 성공적이었음은 물론이고, '골프공 사건'은 그들 사이에서 오랫동안 회자되었다고 한다. 그리고 그것은 나의 호감도를 높이는 효과를 가져와서, 브리핑이 있을 때마다 그들은 내게 긍정적인 기대를 우선하게 되었다.

복잡하고 어려운 문제의 방에 갇힐 때마다 나는 '어딘가에 킬링 포인트가 있다'는 생각을 하며 열쇠를 찾는다. 문제를 단번에 풀 실마리, 바로 킬링 포인트 말이다.

성공 기획의 비밀, 킬링 포인트

그렇다면 킬링 포인트는 어떻게 찾아야 할까? 킬링 포인트는 뒤집으면 보인다. 틀을 바꾸면 보인다. 반으로 나누면 보이기도 하고 가슴이 따뜻해져도 보인다. 머리를 비우면 혹은 머리를 채우면 보이기도 한다. 킬링 포인트는 상대를 제압하고 내 의견을 관철하는 그런 포인트를 찾는 것이 아니다. 그것은 상대의 마음 깊은 곳, 그 자신도 모르는 지점을 찔러서 끄집어내는 것이다. 그렇기에 킬링 포인트는 '죽여주는' 포인트이되 핵심은 나와 상대 모두를 '살리는' 포인트이다.

이 킬링 포인트를 찾아내는 눈, 이것이야말로 바로 통찰력이라고 나는 생각한다. 무조건 신선하고 기발한 것이 아니라, 상대의 마음 속 깊이 숨어 있던 '죽여주는 바로 그것'을 찌르는 것, 전정한 통찰력은 바로 이것이다.

바야흐로 지금은 '기획'의 시대이다. 상품기획자, 광고기획자, 홍보기획자, 영화기획자, 출판기획자에서부터 병원 마케팅, 정치커뮤니케이션, 문화기획, 환경기획, 웨딩플래너에 이르기까지, 기획이라는 이름이 붙지 않은 것이 없다. 주부의 경우, 주먹구구식으로 남들따라 자녀를 이런저런 학원에 보내면 되는 시대가 아니다. 명확한 목표 하에 정보를 수집하고 엄선하여 효율적인 교육 계획을 실행해야 한다. 21세기는 엄마들에게도 기획력을 요구하는 시대인 것이다. 입학하면서부터 취업을 준비하는 요즘 대학생들 역시, 자신의 꿈과 목표 하에 어떤 식으로 자신을 업그레이드해갈 것인지 기획력을 필요로 한다. 직장인이라면 더 말할 것도 없다. 하루종일 상사의 요구는 '더 좋은 기획안'이다. 그리고 그 기획안을 브리핑할 때도 또한 기획력이 필요하다.

이제 기획력이란 설득의 경쟁력을 말한다. 상대가 공감할 수 있는 그 무엇을, 주어진 바로 그 기회에 말할 수 있어야 하는 것이다. 한 방에 설득되는 기획력, 그것이 바로 킬링 포인트인 것이다. 아무리 방대한 기획서라도 킬링 포인트가 없으면 아무 소용이 없고, 한 장짜리 브리프라도 킬링 포인트가 있다면 그것은 당신에게 'OK!'라는 사인을 줄 것이다. 한 시간 동안 열변을 토한다 해도 킬링 포인트가 없으면 오히려 듣는 이의 비판만 받을 것이며, 단 30초짜리 한 마디라도 킬링 포인트를 짚어낸다면 듣는 이의 관심을 단번에 사로잡게 될 것이다.

지난 26년간 수백 건의 기획안을 작성하고 피티를 치르고 경쟁에서 승리하면서 체득하게 된 킬링 포인트를 찾는 길을 이제부터 풀어내려고 한다. 실전을 통해 얻게 된 비법을 현장사례를 바탕으로 생생하게 설명할 것이다.

전체는 4개의 장으로 구성되어 있다. 1장에서는 킬링 포인트를 찾는 8가지 기본 원칙들을 소개한다. 26년간 경험한 프레젠테이션 성공사례를 통해, 킬링 포인트를 찾아가는 과정을 설명하였다. 실례를 바탕으로 하였기 때문에 각자의 상황에 맞는 생생한 인사이트를 얻을 수 있을 것이다.

2장에서는 킬링 포인트를 찾는 아이디어 발상법을 소개한다. 킬링 포인트를 찾아내는 눈은 어떻게 하면 밝아지는 것일까? 2장에서 킬링 포인트를 발견하는 사소하지만 중요한 습관에 대해 설명한다. 역사에 남을 위대한 천재들조차 그들이 세상에 내놓은 놀라운 결과물들은 사소한 습관의 차이에서 비롯된 것임을 고백해왔다. 사회심리학자들의 실험과 내가 실전에서 직접 실험한 풍부한 사례를 바탕으로 구체적인 아이디어 발상법을 소개함으로써, 독자 여러분이 실제 업무에 유용하게 적용할 수 있도록 하였다.

3장에서는 평범한 기획자가 아닌 킬링 포인터로 진화하라는 내용을 말한다. 킬링 포인트를 보는 눈을 가진 사람, 그가 바로 킬링 포인터killing pointer이다. 기획을 해본 사람들은 알 것이다. 사람이 보는 눈은 거기에서 거기라는 것을. 내가 생각하는 아이템은 다른 누군가도 분명히 생각하는 것이고, 될 것 같은 예감이 드는 기획 소스들을 얻는 루트도 다들 비슷하다. 따라서 더 이상 평범한 기획자로는 차별점을 가질 수 없다. 과연 나는 킬링 포인터로 진화할 수 있을까? 내가 실제 훈련했던 후배 기획자들의 사례를 통해 킬링 포인터로 거듭날 수 있는 길을 보여주고자 한다. 반드시 장담하는 것은, 킬링 포인터는 타고 나지 않는다는 사실, 여러분 누구라도 킬링 포인터로 진화하여 성공하는 기획자가 될 수 있다는 점이다.

4장은 킬링 포인트를 찾는 실전 훈련법이다. 해외 유명 광고의 킬링 포인트를 살펴본 후 제시된 문제를 직접 풀어봄으로써, 킬링 포인트를 찾는 눈을 예리하게 키울 수 있는 실전 워크북 형식으로 구성하였다. 크리에이티브한 광고들에 담겨 있는 킬링 포인트 분석을 통해, 킬링 포인트에 관한 응용력과 실전능력을 더욱 높일 수 있을 것이다.

1장에서 시작하여 뒷장으로 넘어갈수록 킬링 포인트는 어려운 발견이 아니라 삶을 재미있게 해주고, 소비자와 클라이언트의 마음을 공감하게 해주며, 기획력을 풍부하게 만드는 기쁜 발견이라는 것을 느끼게 될 것이라고 확신한다. 이 책을 통해 독자 여러분 모두 킬링 포인트를 찾아내는 자신만의 방식을 갖게 되어 성공하는 기획자로 거듭나기를 희망한다.

Part 1

킬링 포인트의 8가지 원칙

죽여주는 포인트를 찾아내는 기획력의 비밀

Killing Point

성과는 문제해결보다는

기회의 발견을 통해 얻어진다.

—피터 드러커

Killing Point

감성 포인트를 공략할 '바늘'을 찾아라

얼음처럼 딱딱하게 굳은 채 무표정하게 앉아 있는 사람들, 내가 설득해야 할 상대이다. 과연 어떻게 해야 그들의 마음을 녹일 수 있을까? 방법은 바로 '바늘'이다. 집채만 한 얼음이라도 한쪽 모서리 끝에 바늘을 대고 쪼면 균열이 생긴다. 그리고 이 작은 균열이 얼음을 녹게 만드는 시초가 된다. 그 절묘한 틈새, 아킬레스건과 같은 것, 바로 그곳을 날카롭게 공략해야 한다. 상대의 마음을 녹이고, 무장해제시키는 그 답은 킬링 포인트를 찾는 것에서 시작한다.

요즘 프레젠테이션의 과제는 과거와는 많이 달라졌다. 시장 분석에서부터 시작하여 소비자 분석, 전략 분석을 꼼꼼히 훑고 이어서 커뮤니케이션 과제에 대해 분석한 후, 우리의 아이디어를 설명하고,

마지막으로 예산에 맞게 어떻게 실행할 것인지 액션 플랜까지 총괄적으로 보고하는 과거의 프레젠테이션과는 달리, 요즘은 결론의 아이디어만 설명하라고 요구한다. 시장 분석이니 소비자 분석이니 하는 것은 이미 기업 자체적으로 전문 인력을 두고 수많은 데이터를 축적해놓고 있으니, 클라이언트도 다 아는 서론 중론은 건너뛰고 아이디어가 무엇인지 결론만 설명하라는 것이다.

상황이 이러하니 최종결과인 기획 아이디어가 매력적으로 설득되어야만 경쟁에서 이길 수 있다. 같은 내용이라도 더 간결하고 더 전략적으로 풀어내는 설득의 기술이 필요한 것이다. 결국 짧은 시간에 누가 킬링 포인트를 파악해서 공략하느냐가 승패의 관건이 된다.

닫힌 마음을 여는 킬링 포인트

점잖게 굳어 있는 임원진, 굳게 입을 다물고 있는 팀장들, 속을 알 수 없는 소비자까지, 내가 설득해야 할 상대방이 난공불락 얼음장처럼 느껴지는 경우를 무수히 겪어왔다. 그래서 나는 설득해야 할 상대 앞에 서면 스스로에게 이런 질문을 던진다.

'오늘은 또 어떤 바늘을 하나 뽑을까?'

전직 공무원 출신이 많은 공기업의 프레젠테이션을 맡았을 때이다. 공기업이기에 전략도 제작물도 그들이 이해하기 편하게 준비해야 한다. 예를 들면 기획서는 적당히 한자어를 섞어서 작성한다든지 그들의 룰대로 세로 페이지로 기획서를 구성하는 것 등이다. 그러나 대체로 보수적인 그들에게는 상식을 뒤집는 은유의 재미를 보이는 것도 효과가 있다. 이를테면 전략 설명을 삼국지를 대입해 풀어낸다든지, 아니면 아예 기획서를 사진 형태로 꾸며 신선한 충격을 주는 것이다.

그러나 이와 같은 것은 경쟁사에서도 다 하는 기본적인 사항들이다. 물론 가장 기본이자 우선이 되어야 하는 것은 전략과 기획서의 차별화이다. 하지만 그것에 신경 쓰지 않는 경쟁자가 누가 있겠는가? 따라서 그것만으로는 경쟁에서 승자가 될 수 없다. 그렇다면 승패의 열쇠는 같은 내용이라도 누가, 어떻게, 더 잘 설득하느냐에 달린 것이다.

당시 경쟁 프레젠테이션은 5개 회사의 경합이었는데, 경쟁사 중 나를 긴장시킬 만한 프레젠터가 있었으니, 장교 출신으로 프레젠테이션의 귀재라 불리는 사람이었다. 어느 세미나에서 그와 함께 발표를 한 적이 있었는데, 훤칠한 외모에 논리정연하고 우렁찬 목소리를 갖고 있어서 좌중을 압도하는 매력이 넘쳤다. 그와 경쟁을 하게 되면 게임을 하기도 전에 기가 꺾인다고들 말할 정도였다. 게다가 이번 프레젠테이션 심사위원 중 영향력 있는 한 분이 그와 같은 대학 출신 선배였다.

게다가 우리 회사는 4번째 순서였다. 최악이었다. 보통 발표 순서는 제비뽑기를 하는데, 뒤로 갈수록 심사위원들의 집중력이 떨어지기 때문에 대부분 첫 번째 순서를 원한다. 차선이 끝 순서다. 끝이 보이면 좀 너그러워지는 심정에 기댄다고나 할까? 그런데 5개 회사가 참가한 이번 경쟁에서 우리는 이도저도 아닌 4번째 순서표를 뽑은 것이다.

강력한 경쟁자가 있다. 게다가 4번째로 발표해야 하는 상황도 악조건 중 하나다. 이런 상황에서 우리 회사가 승리하려면 어떻게 해야 할까?

프레젠테이션 당일 새벽녘, 직원들은 밤새워 준비를 마치고 이곳저곳에서 쓰러져 있거나 집으로 돌아가고, 나는 멍하니 의자에 앉아 있었다. 밤새워 준비한 뒤의 피로감, 그리고 그보다 더 큰 중압감과 걱정이 밀려왔다. 그런데 그 순간, 환청인지 실제인지 모르게 어디선가 오래된 팝송이 들려왔다. 창밖에서는 차가운 겨울비가 부슬부슬 내리고 있었다. 그리고 나는 그 분위기와 함께 모든 걸 잊고 무장해제되었다.

그러나 그 시간은 채 1분도 되지 않아 멈췄다. 우뇌에서 별이 반짝거린 것을 느꼈기 때문이다. 감성이다! 감성이 만들어지면 무장해제된다.

처음부터 이기는 카드를 뽑아라

비 오는 겨울의 오후 2시, 중역진으로 구성된 심사위원들의 평균 연령은 50대 중반. 비 오는 궂은 날 차가운 습기를 떨치려 따뜻한 국물이 있는 점심들을 하지 않았을까? 그리고 프레젠테이션 심사 때문에 오후의 빡빡한 스케줄이 중단되었을 테니 일견 느긋한 심사이리라. 빔 프로젝터를 설치한 탓에 반쯤은 불이 꺼진 심사장에 앉아 있다보면 어느새 졸음이 쏟아지겠지. 그렇다. 이런 환경에서 아무리 우렁찬 목소리라 할지라도 이성적인 코드만 들이댄다면 무거워진 눈꺼풀에 자꾸 머리를 떨구는 심사위원들을 깨울 수 없으리라.

4번째로 우리 회사가 빔 프로젝터를 설치하고 있을 때 심사위원 몇은 이미 고개를 좌우로 흔들며 졸고 있었고 몇은 지루해 죽겠다는 표정이 역력했다. 드디어 우리 회사 이름이 호명되고, 나는 무대 위로 나갔다. 그리고 노래를 시작했다.

"지금~ 그 사람 이름은 잊었지만 그 눈동자 입술은 내 가슴에 있네…."

상식적인 이름 소개와 틀에 박힌 오프닝을 예상했던 중역진들이 눈을 번쩍 떴다. 어이없다는 듯 놀랍다는 듯 각각의 표정들이 눈에 들어왔다. 분명한 것은 모두가 내게 호기심 어린 눈으로 집중을 했다는 사실이었다. 그리고 그들은 이내 비가 내리는 차가운 겨울의 감정 속으로 빠져드는 것 같았다. 노래가 끝나자 박수가 터져 나왔으니 말이다.

그 이후는 상상이 되지 않는가? 4개 회사의 프레젠터는 모두 남자들이었다. 그중 나는 경쟁력 있는 여자다. 그리고 시작부터 달랐다. 나는 시작부터 이기는 카드를 들고 시작했던 것이다.

그러나 여자이고 특이하게 노래를 불렀다고 해서 다 이기는가? 천만의 말씀! 내가 한 노래는 곧 전략이었으며, 5개사 중 우리 회사를 유일한 회사로 각인시키는 기억장치였다. 수많은 브랜드 격전장에서 또 하나의 브랜드를 기억시키는 것이 얼마나 어려운가. 따라서 브랜드에는 사연, 즉 '그 눈동자와 입술'과 같은 스토리가 있어야 한다는 우리 회사의 전략을 전제로 한 노래였던 것이다.

물론 브랜드에 스토리가 있어야 한다는 주장은 어느 기획자라도 할 수 있는 말이다. 그러나 그 주장을 어떤 방식으로 설득하느냐에 따라 설득력은 커다란 차이가 난다. 나는 기획 전략과 맞아떨어지는 노래를 부름으로써 프레젠테이션의 집중도와 매력도를 끌어올렸다. 오프닝부터 남과 다른 차별화된 접근을 함으로써 설득의 시작부터 달랐던 것이다. 프레젠테이션에 참가한 회사들 간의 경쟁 역시 결국 브랜드의 싸움이라는 점을 생각할 때, 나는 그야말로 스토리를 남기는 피티를 진행한 것이다.

전략을 설명할 때에도 표현을 50대 중반 가장의 가족구성원에 대비시켜 설명하였다. 심사위원인 중역진의 눈높이를 맞춘 것이다. 예컨대 심플리티 전략을 설명할 때는 이런 식이었다.

“만약 아내가 남편에게 장을 봐와달라는 주문을 한다고 가정하자. 단맛이 나는 싱싱한 배추 두 단과 대파 한 묶음, 생강 한 주먹, 육쪽마늘 다섯 개에… 이런 식으로 장을 봐오라고 하면 그 많은 품목들과 특징들을 누가 기억하겠는가? 같은 경우라도 아내가 단골가게 이름을 알려주고 ‘보름치 김치 담글 것’ 달라고 해서 주는 대로 가져오면 된다고 말하면 상황은 간단명쾌하게 해결된다. 바로 이것이 심플리티 전략이다. 기업이 소비자에게 말하고 싶은 모든 요소를 하나의 스토리로 녹여내는 것이다.”

이렇게 모든 전략을 50대 중반 심사위원들의 일상사에 대비하여 설명하자 맞장구를 치며 낄낄 웃는 중역들이 늘어났고, 시간이 갈수록 집중도는 높아갔다. 중간 중간 질문까지 던지니 짐짓 긴장하는 심사위원도 있었다. 최고책임자가 동석했으니 미련하게 보여서는 안 될 테니까 말이다.

그날의 프레젠테이션은 긴장이 오르락내리락하는 그야말로 신나는 한판의 쇼였다. 끝인사를 하고 철수 준비를 하는데 심사위원석에서 몇몇이 빠져나와 나에게 한마디씩 건넸다.

“참 대단하십니다!”, “어쩜 그리도 말씀을 잘 하십니까!”

나는 우리가 이길 것을 확신했다. 모든 선택은 감정이 결정하기 때문이다. 적어도 논리의 변별력이 덜할 때는 말이다.

우리 회사에 승보가 전해지자 경쟁사들이 패인을 물으려 광고주를 찾아갔는데, 광고주측 담당자가 우리 회사가 선정된 이유를 들다가 노래 얘기가 나왔단다. 이후 나는 한동안 '노래하는 프레젠터'라고 불렸다.

감성, 논리보다 강력한 킬링 포인트

킬링 포인트는 설득의 공략점을 찾아내는 것이다. 어떤 포인트를 찔러야 이후에 전개될 나의 논지에 그들이 귀를 기울일지, 그 포문을 열어줄 포인트를 찾는 것이다. 그런데 '설득' 하면 흔히 '논리'와 '이성'만을 떠올린다. 그래서 각종 데이터와 소비자 조사가 난무하는 기획안에, 목청을 높이며 마치 웅변하듯 딱딱한 프레젠테이션을 하게 되는 것이다.

하지만 중요한 것은 '감성'이다. 감정에 호소하라는 말이 아니다. 논리적인 내용물을 어떤 '감성 코드'에 담느냐가 중요하다는 말이다. 논리적인 내용물이 알차야 하는 것은 두말할 필요 없는 기본이다. 기본을 잘한다고 해서 결코 상대를 사로잡을 수 없으며 경쟁에서 승리할 수도 없다. 중요한 것은, 어떻게 나의 논리를 경쟁자와는 차별화된 감성 코드에 담아서 공감을 이끌어낼 것이냐 하는 것이다. 결국 '감성'에서 승패가 판가름나기 때문이다.

결정권을 가진 임직원들은 대개 중장년의 남성으로서 '나는 클라이언트니까', '나는 심사위원이니까'라는 식으로 뻣뻣하게 굳어진 목을 뒤로 젖히고 점잖게 얼어붙어 있기 마련이다. 이런 상황에서 이성적이고 논리적인 설명만으로는 경쟁자와 차별화도 되지 않고 효과적인 설득도 이루어지지 않는다. 게다가 심사위원 태세를 갖추고 날을 세우고 있는 그쪽이나 그를 설득해야 하는 내쪽 모두 스트레스와 긴장 상태인 것은 분명하다.

이런 상황에서 과연 해법은 무엇일까? 바로 감정의 킬링 포인트를 찾는 것이다.

첫째, 다른 바늘을 뽑아야 한다.

남과는 다른 차별화된 바늘을 뽑아야 한다. 그러려면 경쟁자를 파악하는 것은 기본이다. 장교 출신의 논리적인 경쟁자와 달리 나는 감성적인 접근을 시도했다. 그것은 내가 보기 드문 여자 프레젠터이기 때문이기도 하다. 그래서 딱딱하고 정중한 접근법이 아니라 경쾌하고 발랄하고 친근감 있게 다가가는 것이 더 잘 맞는 점도 있다.

나는 첫 인사를 할 때도 "안녕하십니까? 대보기획의 유재하 부사장입니다. 저희 대보기획은…" 이런 정형화된 투로 시작하지 않는다. "안녕하세요, 앞의 지루한 회의에 좀 따분하셨죠?"라며 경쾌하게 첫 말문을 연다. "이 점에 대해서 어떻게 생각하시는지 한번 말씀해주시겠어요?"라고 기습적으로 질문을 던지기도 하고, "얼굴 빨개지시는 걸 보니 제 말씀이 맞나봐요?"라고 가볍게 농담을 하기도 한다.

단지 내가 여자이기 때문만은 아니다. 자료 분석과 타깃 분석 등 논리적인 분석이 기본적으로 되어 있는 상황에서는, 그것을 상대에게 가장 강력하게 전달할 수 있는 통로가 바로 '감성'이라는 것을 알기 때문이다. 그러나 이것은 실력이 뒷받침되지 않으면 매우 무례한 태도로 보일 뿐이다.

다니엘 카네만Daniel Kahneman이라는 심리학자가 있다. 그런데 그는 2002년 노벨 경제학상을 받은 것으로 더 유명하다. 심리학자가 어떻게 노벨 경제학상을 받았을까? 카네만은 '확실하지 않은 조건'에서 인간은 감정에 더 영향을 받는다는 이론으로 기존의 고전경제학에 정면 도전했고, 그 성과를 인정받은 것이다.

고전경제학에서는 소비자가 제품을 선택할 때 자신이 좋아하는 것이라면 설문조사 시 선택 조건을 다르게 묻는다 해도 제품 선택에 영향을 미치지 않는다는 것을 전제한다. 예를 들어 어떤 정수기 대여료가 일 년에 60만 원이라고 하든 한 달에 5만 원이라고 하든 소비자는 상관없이 동일한 결정을 내린다는 것이다. 그러나 카네만은 고전경제학의 이러한 전제에 정면으로 반박한다. 소비자는 때론 일 년에 60만 원이 비싸게 느껴지고 월 5만 원은 싸게 느껴져서 후자의 조건이 더 좋다고 생각한다는 것이다. 그때그때 본인이 처한 상황에 따라 감정이 흔들리며 선택이 불분명해진다는 것을 실험을 통해 입증한 것인데, 이 점을 잘 활용한 예는 총액보다 할부액을 강조하는 홈쇼핑 프로그램에서도 확인할 수 있다. 인간은 이성적인 존재이기를 바라지만 결코 이성적인 존재만은 아닌 것이다.

결국 바늘을 꽂아야 하는 곳은 감성이 채워진 마음이다. 어떤 제품에든 어떤 사람에게든 마음을 빼앗겼을 때, 우리는 흔히 "나 거기에 꽂혔어"라고 말하지 않는가. 상대의 마음을 사로잡을 나만의 바늘을 던지기 위해서는 먼저 경쟁자를 파악하고 그와는 다른 감정 코드를 잡는 것, 그리고 그 코드를 자신의 캐릭터와 잘 융화시키는 바로 이것이다.

둘째, 누구를 설득할 것인지 파악하라.

날카롭고 정확한 바늘을 던지기 위해서는 내가 설득할 상대가 누구인지를 정확히 파악해야 한다. 많은 프레젠터들이 자기가 하고 싶은 말을, 자기가 하고 싶은 방식대로 하는 것을 자주 본다. 하지만 중요한 것은 나의 생각을 상대가 받아들이도록 만드는 것이다. 그렇다면 상대가 원하는 말을 상대가 원하는 방식대로 해야 한다. 이것을 위해 우리는 시장 조사를 하고 타깃 분석에 공을 쏟는 것이다.

상대가 호감을 느끼고 관심을 가져 결국 나를 선택하게끔 상대의 눈높이와 마음높이에 맞추는 것, 이것은 정말 기본 중의 기본이면서도 동시에 너무나 어려운 일이다. 이 부분은 뒤에서 구체적으로 다루도록 할 것이다. 여기에서는 일단 설득해야 할 대상의 연령, 라이프스타일, 그리고 브리핑을 듣는 바로 그 상황의 변수 등을 고려하여 상대의 감정이 어떠할지를 미리 상상해보는 것이 중요하다는 점을 말하고 싶다.

셋째, 감정의 문이 열리는 타이밍을 잡아라.

개그맨에게서 들은 말이다. 웃기는 아이디어를 짜는 것도 힘들지만, 더 힘든 것이 바로 타이밍이라고 한다. 아무리 애써 짜낸 개그도 타이밍이 어긋나면 완전히 꽝이 된다는 것이다. 그리고 한 번 썰렁해진 분위기를 다시 일으키는 데에는 몇 곱절 더 힘이 든다고 한다. 프레젠테이션이나 브리핑도 마찬가지다. 목소리의 톤은 물론 애드립까지, 감정이 숨어 있는 비밀의 문을 여는 순간의 타이밍이 완벽하지 않으면 차라리 하지 않는 것만 못하다. 그렇다면 방법은 무엇인가? 연습, 연습, 연습이 답이다.

유명한 자기계발 강사 김미경 원장의 글에서 읽은 내용이다. 그녀는 강의 내용을 토씨 하나 빼지 않고 다 써놓은 다음에, 그것을 완벽하게 외워서 말할 수 있을 때까지 무대에 나가지 않는다고 한다. 주부들을 쥐락펴락하는 그녀의 능수능란한 강의 실력의 바탕에는 그런 비밀이 있었다. 이런 철저한 연습이 바탕이 되었기에 그녀가 타이밍을 놓치지 않고 청중의 감정을 마음대로 조정할 수 있었던 것이다.

나만의 '바늘'은 단번에 만들어지는 것이 아니다. 훈련이 필요하다. 그러나 그 훈련은 그리 어려운 것만은 아니다. 훈련을 하면 할수록 엄청난 가속도가 붙는다. 중요한 것은 일단 시작을 하는 것이다. 이 책을 끝까지 읽는 것만으로도 당신은 킬링 포인트를 공략할 바늘을 단련하는 과정에 들어선 것이다. 그렇게 남들과는 차별화된 훈련으로 스스로를 단련해갈 때, 당신은 평범한 기획자가 아닌 킬링 포인터로서 자신만의 날카로운 바늘을 가지게 될 것이다. 막힌 문제를 풀고 경쟁에서 이기게 해주는 바로 그 바늘을 말이다.

Killing Point Checking!

감성 포인트, 어떻게 공략할까?

1 **경쟁자를 분석하여 그와 다른 감정 코드를 잡아라.** 차별화된 감정 코드를 찾되 나의 개성과 어울려야 한다.

2 **설득할 대상을 분석하라.** 대상의 연령과 라이프스타일, 당일 날씨, 현장 분위기 등을 고려하여 상대의 감정이 어떨지 미리 상상해보는 것이 중요하다.

3 **적절한 타이밍을 노려라.** 이런 순발력은 단기간에 길러지지 않는다. 평소 사람들과 대화할 때 대화의 흐름을 유심히 살피는 습관을 들이라. 유머감각이 뛰어나고 대화를 주도하는 분위기 메이커가 주변에 있다면, 그 사람을 관찰하는 것도 방법이다.

4 **논리는 기본, 관건은 감성이다.** 킬링 포인트는 상대방이 내 말에 "맞아, 맞아"라고 고개를 끄덕이게 만드는 '공감'의 문제이다. 강력한 논리에 전략적인 감성의 옷을 입혀라.

5 **감성의 킬링 포인트는 반드시 자신의 전략과 연관되어야 한다.** 논리의 복선이든 논리의 강조든, 감성의 킬링 포인트 역시 전략적이어야 한다. 감성의 킬링 포인트는 결코 감정적이어서는 안 된다.

설득 유형에 따라 공략 포인트가 다르다

앞장에서 '감성' 포인트를 공략할 나만의 '바늘'을 가져야 한다고 말했다. 그런데 감성도 그 스펙트럼이 굉장히 다양하다. 인간이 그만큼 다양하기 때문이다. 어떤 사람에게는 꽃을 선물해야 마음이 열리고, 어떤 사람은 꽃을 선물하면 돈 아깝게 웬 꽃이냐며 떨떠름해 한다. 이런 사람은 실용적인 선물을 해야 마음이 움직인다. 이처럼 '감성' 포인트는 사람마다 다르다. 나는 지난 26년간의 실전을 통해 다양한 클라이언트를 만나면서, 유형에 따라 감성의 공략 포인트가 다르다는 것을 알게 되었다.

고속도로형 두뇌 vs 골목길형 두뇌

가장 대표적으로 나눌 수 있는 것이 바로 고속도로형 두뇌와 골목길형 두뇌이다. 사람을 어떻게 단 두 가지 유형으로 분류할 수 있겠는가만은, 나의 기획안을 평가할 대상에게 어떻게 접근할 것인가를 위한 분류라는 점을 염두에 두면 도움이 될 것이다. 굳이 예를 들자면, '꽃보다는 현실적인 돈이 낫지'라는 쪽은 고속도로형이고, 감성적인 꽃 선물을 반기는 쪽이 골목길형이라고 할 수 있다.

고속도로형은 주로 금융업, 정부기관, 건설회사, IT 분야의 사람들로서, 논리적이고 직설적이다. 이들이 논리적이라 함은 정해진 공식과 룰이 있다는 것이다. 이들에게 1+1=2이며, 보고서는 A4 세로형식인 경우가 많다. 그렇게 교육 받아왔고, 현재 담당 업무의 성격도 그렇기 때문이다. 1+1=3이라거나 보고서를 가로 형식으로 만드는 것은 이들에게는 통하지 않는다. 이들은 자신들이 이미 생각하고 있는 공식을 따라가며 문제의 해결책을 제안할 때 '논리적'이라고 느끼며 마음을 연다.

이들이 직설적이라 함은 솔직하다는 것과는 다르다. 고속도로형의 직설법은 '정확함'이다. 생각의 루트가 분명하기 때문에, 이들은 자신들이 생각하고 있는 포인트를 '정확히' 짚어줘야만 인정을 해준다. 이들에게 지나친 상징과 은유는 모호하고 추상적인 말에 지나지 않는다. 고속도로형은 다이어그램이나 도표로 논지를 정리해주면 명쾌하다고 느낀다.

반면 골목길형은 주로 패션, 디자인, 식품 분야의 사람들로서, 은유적이고 디테일을 중시한다. 이들은 음식점에 갔을 때, 음식 맛뿐만 아니라 음식의 데코레이션부터 접시까지 보는 그런 유형이다. 따라서 전략을 설명할 때에도 먼저 전체적인 그림을 보여주고 나서, 골목골목 둘러가는 기분으로 이모저모 꼼꼼하게 짚어주는 것이 좋다. 예컨대 전략을 곧이곧대로 밋밋하게 설명하는 것이 아니라 은유를 활용하여 신선하게 설명한다든가 혹은 다른 사례에 빗대어 설명하는 것이다. 은유를 활용하여 돌려서 말하면 이들은 '재치있다'고 느낀다.

골목길형은 대개 트렌드 지향적인 젊은 타깃의 브랜드 담당자들에게서 많이 나타난다. 젊은 타깃인 그들은 이미지 세대이다. 게다가 누가 뭐라든 자신이 맞다고 생각하면 언제나 도전할 수 있다는 생각을 갖고 있다. 최근의 UCC도 그런 경향을 입증하는 것이다. 때문에 남들이 다 맞다고 주장하는 조사 데이터도 골목길형은 의심할 수 있다. 그들은 소위 '필'이 맞아야 한다. 그래서 골목길형을 설득할 때에는 많은 이미지들이 필요하다. 마치 언어가 통하지 않는 사람들끼리 이미지 사진을 갖고 이야기하듯이 말이다. 그래서 대개 사진들을 편집한 이미지 맵핑을 활용하여 기획서를 작성한다.

기획서를 설명할 때에는 골목길형이 충분히 상상할 수 있도록 많은 타깃의 스토리를 엮어줘야 한다. 감각적이고 직관적인 골목길형은 스토리를 풍부하게 활용해야 감정이 움직이기 때문이다. 예를 들면 가상의 주인공 M의 일상을 다큐멘터리 영화를 보듯 설명하면서, 타깃인 그가 이러한 생활을 하고 있는 아이니까 우리 광고를 얼마나 재미있어 할지, 그래서 마침내 우리 제품을 구매하게 될지를 상상하게 해주는 식이다.

그러나 은유란 직설과 달라서 한 번에 가는 것이 아니라 두 번, 세 번 말을 꼬는 것과 같다. 이것은 골목길을 돌아 돌아 갖가지 이야깃거리들을 바로 코앞에서 체험하며 결론으로 가는 것이다. 그래서 재미있기도 하지만 은유를 제대로 설정하지 않으면 정작 본뜻은 이해를 못하고 즐기다가 마는 헛고생을 하기도 하니 주의해야 한다.

예를 들어, 주인공 M의 일상을 재미있게 전개한 것은 좋은데 재미에 빠져 정작 전략을 희석시켜버릴 위험이 있다는 것이다. '피티는 재미있었는데, 그래서 결국 뭘 이야기한 거지?'라는 말들이 심사위원들 사이에서 나오면 은유를 과도하게 사용한 함정에 빠진 것이다. 따라서 스토리를 이용해서 브리핑을 할 때에는 기획서ppt 상단에 현재 컨셉 도출과정의 어느 단계인지를 컬러로 구분해서 짚어주는 등 프레젠터가 상황마다 유연하게 컨셉을 녹여넣을 줄 알아야 한다.

	고속도로형	골목길형
업종	금융, 정부기관, 건설회사, IT	패션, 디자인, 식품, 통신서비스
표현 방법	**직설법**: 은유와 에둘러 말하기 방식은 모호하다고 느껴 좋아하지 않는다. 단순하고 명쾌하게 말하라. **스토리 활용**: 출처가 분명한 다큐멘터리식 스토리가 좋다. 전파나 인쇄매체에 노출된 것을 활용하라.	**은유법**: 은유와 돌려서 말하기를 재치 있다고 느낀다. **스토리 활용**: 메시지를 스토리에 녹여서 전달하면 감동을 받는다. 스토리(이야기)와 사례를 풍부하게 활용하라.
기획서 작성법	**표 활용하기**: 벤다이어그램, 도표와 같이, 논지를 표로 정리해주면 명쾌하다고 느낀다.	**비주얼한 이미지 활용하기**: 이미지를 많이 활용한 감각적인 시각 자료를 더 설득력 있게 느낀다.
옷차림	튀지 않는 안정적인 코디가 좋다.	제품 컨셉이 느껴지는 유니크한 코디도 가능하다.
목소리 톤	명확한 발음, 속도감 있는 진행, 진지한 톤을 유지한다.	이야기하듯, 혹은 공연을 하듯 쌍방소통의 호흡을 체크한다.
주의할 점	진지하지만 무겁지 않게 정확성과 신뢰 확보하기.	너무 가볍거나 장난스럽지 않게 깊은 공감을 유도하기.

소피의 선택을 강요하지 말라

10여 년 전의 일이다. 기존의 신용카드 기능에 지하철은 물론 버스에도 사용가능한 카드가 처음으로 나왔을 때였다. 기라성 같은 광고회사 4곳이 오리엔테이션 자리에 모였다. 오티 자리에서 광고주 측 담당자는 이렇게 말했다.

"지금까지의 신용카드는 지하철만 결제되었지만 우리 것은 지하철은 물론 버스까지 탈 수 있고 비행기까지 탈 수 있습니다. 그래서 우리 회사의 신제품 '패스' 카드는 이 세 가지를 모두 어필해야 합니다. 그래야 다른 카드 경쟁사와 완벽하게 차별우위를 가질 수 있기 때문입니다. 광고회사에서는 심플하게 한 가지 메시지만으로 설득해야 한다고들 하지만 그것을 극복하는 방법을 찾아주세요. 우리는 서비스 일등 브랜드의 이미지를 확보해야 합니다."

2주간의 시간이 주어졌고 우리를 포함한 각 광고회사는 고민에 빠졌다.

"버스도 되는 교통카드면 됐지, 무슨 비행기까지 들먹인담." "그리고 왜 꼭 남들 다 아는 지하철도 언급해달라는 거야. 15초가 무슨 15분은 되는 줄 아는 모양이지?"

담당 기획팀은 모이자마자 우선 광고주 타박부터 시작하더니, "한 가지 포인트만 정확히 전달해야 해. 그걸 광고주에게 가르쳐줘야 한다고. 안 그래?" 하면서 '버스도 타는 교통신용카드'로 몰아갔다. 광고주 측의 당부는 까맣게 잊어버린 듯이 말이다.

나의 해법은 두 가지였다. 금융인들은 고속도로형 두뇌이니 심플하게 가야 한다는 것이 첫 번째 전략. 복잡한 것을 싫어하는 그들에게 골치 아프게 양자택일을 강요하는, 일명 '소피의 선택'을 강요하지 말자는 것이 두 번째 전략이었다.

먼저 두 번째 전략부터 설명해보자. '소피의 선택'이라는 영화가 있다. 유태인 여성인 소피가 나치에게 붙잡혀 아우슈비츠로 끌려가게 되었다. 기차 위로 오를 때 나치가 그녀에게 말한다.

"두 아이를 다 데려갈 순 없다. 하나만 선택하라."

소피는 강하게 거부하고 애원도 해보지만, 결국 찢어지는 가슴으로 한 아이를 내려놓아야 했다.

광고주의 브랜드 오티가 끝나면 광고인들이 늘상 하는 말이 있다.

"그렇게 할 말이 많아서는 안 됩니다. 자랑하고 싶은 그 많은 조건들 중에 하나만 선택해서 강하게 집중해야 합니다. 선택과 집중의 법칙 아시죠? 그래야 적은 매체 비용으로 효율적인 집행을 할 수 있습니다."

물론 옳은 말이다. 여러 개를 다 욕심내느니 강한 한마디만 남기자는 것도 옳고, 매체효율성도 옳은 말이다. 하지만 소피처럼 속 타는 광고주의 마음은 어떻게 위로해줄까? '원 메시지'가 불변의 진리라며 하나만 선택하라고 나치처럼 들이대면 되는 것일까?

세계적으로 유명한 이론가에 의해 만들어진 광고의 법칙을 마치 바이블처럼 신봉하며 현장에 무조건적으로 적용하려 드는 경우를 주변에서 자주 목격한다. 물론 그런 마케팅 이론 앞에서 광고주는 반박할 힘은 약해지지만 그럼에도 왠지 서운한 생각을 지울 수 없다. 그리고 은근히 화가 치밀어 이렇게 따지기도 한다.

"광고가 뭐 논리로 다 된답니까?"

비단 광고인뿐만 아니라 기획 관련 업무를 담당하고 있는 사람이라면 상사의 요구가 너무 많거나 혹은 소비자들이 원하는 바가 너무

광범위해서 어느 것을 붙잡아서 어필해야 할지 난감할 때가 있을 것이다. 상사나 소비자가 욕심이 많다고 느껴질 정도이다. 과연 어떤 요구사항을 선택하고 어떤 것을 버려야 할까? 그것을 왜 버려야 하는지를 상대에게 어떻게 설득할 수 있을까? 꼭 나머지를 다 버리고 단 '하나'만을 어필해야 하는 것일까?

때로는 관례를 깨면 비범함이 나타나기도 한다. 그것이 경쟁의 상황이고, 설득해야 할 상대가 그 모든 유니크 포인트unique point를 다 설명해주길 원할 때는 더욱더 그렇다.

오리엔테이션에서 내가 감지했던 것은 비록 소극적이지만 광고주 담당자의 숨겨진 킬링 포인트였다. 그리고 그것은 바로 오너의 마음이기도 할 터였다. '버스만 말하면서 지하철을 간과하지 않았으면 좋겠고, 거기에 비행기까지 말해주면 얼마나 좋을까…' 하는 속마음 말이다.

하나만 말해야 하는 것은 설득 논리로는 그럴듯하지만, 광고주 입장에서는 따르고 싶지 않은 구석이 있다. 킬링 포인터는 설득 대상을 화나게 하지 않는다. 나의 기획안을 수용하게 만드는 것이 설득이지, 억지 결합을 하는 것이 설득이 아니기 때문이다.

나는 그들에게 '당신들이 말하고 싶은 세 가지 메시지 중 하나만 고르시오'라는 식의 소피의 선택을 강요하지 않기로 했다. 그들의 감춰진 킬링 포인트를 전면에 부각되도록 끄집어내어 해결해주기로 한 것이다. 메시지를 산만하게 분산하지 않으면서 동시에 그들의 의도를 수용하는 비법, 다시 말해 '로직logic 위의 매직magic'은 바로 '킬링 포인트'를 찾는 것에 있었다.

그렇다면 이 경우 킬링 포인트는 무엇인가? 온갖 제품들이 이것저것 전부 들어 있는 종합선물세트에는 늘 이름이 있다. '추석맞이 가족 웰빙 종합선물세트'처럼 말이다. 그 속에는 온갖 제품들이 들어 있지만 '종합선물세트'라는 하나의 포장지에 담기면 '하나'의 제품이 되어 심플해진다.

이와 같은 패키지 전략으로 광고주가 원하는 세 가지 메시지를 하나의 포장지로 묶어 단순하고 명쾌하게 보여주는 것이 바로 나의 전략이었다. 그리고 내 생각은 통했다. 그들은 우리 회사의 피티가 끝나자 서로들 이렇게 말했다.

"봐, 아주 명쾌하고 쉽잖아!"

그러면 먼저 우리의 경쟁사들은 기획안을 어떻게 풀었을까?

첫 번째 회사는 '새로 나온 버스용 교통카드'라는 소피의 선택을 강요했다. 심플하긴 했지만, '버스'만을 강조하여 클라이언트가 원하는 것을 전부 담아내지는 못했다.

두 번째 회사는 당시의 톱모델을 내세워 하나하나 풀어주는 방식이었다. 예컨대 미녀 모델이 등장해서 이렇게 설명하는 것이다. "지금까지 지하철만 타는 교통카드를 갖고 계셨죠? 이 교통카드는 버스도 되고 비행기까지 된답니다." 클라이언트가 원하는 것을 전부 담기는 했지만, 심플하지도 않고 기획력의 부족을 수억이 넘는 비싼 모델비로 치러야 할 판이었다.

세 번째 회사는 '하나로 된다'는 것을 강조했다. 하지만 너무 '하나'에 집중하다보니 결과적으로 남는 것은 '다'가 아니라 '하나'가 되어버려, 마치 '하나로 카드'가 될 것 같았다. 은유와 상징을 과하게 쓰면 이런 불상사가 생긴다. 이는 골목길형에게는 유니크하게 먹힐 수 있지만 고속도로형에게는 통하지 않는다.

그럼 우리 회사는? 광고주가 원하는 세 가지 포인트지하철-버스-비행기를 다 담되, 그것들을 심플하게 하나의 포장지로 쌌다. 그러면 결국 세 개가 아닌 '하나'를 어필하는 심플한 전략이 되어, 광고주가 원하는 바도 충족하면서 고속도로형인 그들의 감성에도 적절한 심플한 전략이 가능하게 되는 것이다.

하나로 묶는 패키지 전략이란, 전철, 버스 그리고 비행기를 다 묶을 수 있는 '슬로건'을 만드는 것이었다. 그리고 이것을 심플하고도 강하게 어필시키기 위해서 제작물은 하나만 준비했다. 보통은 대여섯 개를 준비하는 것이 관례처럼 되어 있지만, 이번 경우는 하나가 강력한 힘이 될 것이라 생각했다. 다른 아이디어를 구색 맞추기로 챙겨가는 것은 그 하나에 대한 집중을 흐트러뜨리는 방해요소밖에 되지 않는다. 그래서 프레젠테이션도 5분 만에 끝내는 가장 단순한 쇼를 준비했다. 우리가 제안하는 하나의 아이디어를 유일한 해법으로 설득하기에 5분이면 충분했기 때문이다. 강력한 아이디어는 긴 설명이 필요 없는 것이다. 우리가 제안한 슬로건은 이랬다.

'지상에서 지하까지 패-스, 국민 패스카드!'

고속도로형은 심플리티 전략, 골목길형은 은유법 전략

1개의 USP Unique Selling Point를 어필해야 한다는 것은 마케팅의 기본 법칙이다. 그러나 이것이 절대불변의 진리는 아니다. 상황에 따라 변화하지 않으면 그 법칙이라는 것도 하나의 고정관념일 뿐이다. 여러 포인트를 한 보자기에 싸면 그것도 '하나'이지 않은가. '지상에서 지하까지'라는 슬로건은 지하철, 버스, 비행기에 이르는 모든 교통수단을 전부 담아내는 심플한 포장지 역할을 한다. 이 슬로건을 '패스'라는 단어가 강력하게 뒷받침하면서 동시에 카드 브랜드 네임과 연결되니 명쾌할 수밖에.

카드의 닉네임이 '패스' 카드이므로 첫 런칭에서는 브랜드 인지 장치가 있어야 한다. 그래서 이렇게 풀었다.

'하늘에서도 패-스! 땅에서도 패-스! 땅속에서도 패-스! 지상에서 지하까지 패-스!'

비주얼은 비싼 모델 쓰지 않고 카드 자체를 모델이 되게 했다. 카드가 비행기처럼 하늘을 날고, 버스처럼 땅위를 달리고, 지하철처럼 땅속을 뚫고 달리는 모습을 컴퓨터 그래픽으로 처리하여, 알림광고지만 동화처럼 재미있고 쉬운 광고를 만들었다.

세 가지를 하나로 묶어서 풀어내달라는 클라이언트의 요구를 슬로건을 통해 해결했으며, 런칭에 필요한 브랜드 인지 장치를 하늘과 땅과 지하 곳곳을 패스하는 카드 이미지와 함께 연호하게 함으로써 다른 회사들이 풀지 못한 과제를 풀어낸 것이다.

대부분 광고회사에서 크리에이티브 하다는 사람들은 이런 것은 일차적인 발상이라며 유치하다고 한다. 그러나 '크리에이티브 좀 하는 그들'이 아니라 '현실을 좀 아는 소비자들'은 이차, 삼차적으로 차원을 올려 이미지만 무성하고 무슨 소리인지조차 모르겠는 고차원의 발상보다는, 쉬운 것을 유니크하게 표현한 것에 마음 끌려한다. 이것이 킬링 포인트다. 킬링 포인트란 이처럼 단순하고 일차적이고 쉬운 것에서 찾는 것이다.

첫째, 상대가 직설적인 고속도로형이라면 당신은 최대한 섬세하게 접근해야 한다. 사람들은 직선적이고 명쾌한 사람을 쉽게 생각하는 경향이 있다. 그래서 '단순무식' 하다느니 '애가 너무 단순해서 탈'이라느니 하며 부정적인 표현을 많이 쓴다. 그러나 단순한 사람들은 또 다른 관점의 예민한 사람들이라는 것을 알아야 한다.

그들은 '아니면 아니고 기면 긴' 사람들이다. 이것은 좋고 나쁘고

가 분명하다는 뜻이며, 자신들의 기준이 뚜렷하다는 것이며, 그 기준에 맞지 않으면 결코 설득되지 않는다는 말이다. 고속도로형은 말을 하기 전에 이미 결정을 끝낸 상태인 경우가 많다. 생각의 반경이 그만큼 확실하다. 그렇기 때문에 그들이 생각하는 반경 내에서 전략을 풀어내기만 하면 오케이다. 그러나 그 반경을 벗어날 때에는 성격에 따라서는 화를 내거나 두 번의 기회조차 주지 않는 경우가 대부분이다. 그래서 오히려 설득하기가 힘들다. 따라서 고속도로형을 설득할 때는 단순하되 날카로워야 한다. 정확하게 킬링 포인트를 집어내지 않으면 고속도로형은 전혀 여지를 주지 않기 때문이다.

둘째, 표현은 역시 심플해야 한다. 사고체계가 고속도로인 그들에게 골목길형 두뇌처럼 갖가지 은유를 사용해 재미있게 설명하려 했다가는 오히려 그들을 헛갈리게 만들기 십상이다. 예를 들면 "이제 와인시장은 라이트에서 미디엄 바디로 넘어가고 있습니다"라고 할 것을 "이제 와인 소비자들은 그저 남을 따라 폼으로, 트렌드로 마시는 와인에서 깊은 맛을 음미할 줄 아는 단계가 되었습니다"는 식으로 설명하면 명쾌하게 받아들이지 못한다. 본론에서 튕겨져 나와 오히려 사례로 든 은유에 빠져버리기 쉽기 때문이다. 그래서 본론을 잊어버리고 모든 설명이 다 끝난 후에 이렇게 물어오는 불상사가 일어날 수 있다.

"그러니까 결론은 뭐죠?"

고속도로형에게는 돌려 말하지 말고 사실을 명확하게 직설적으로 말하라.

셋째, 조사 데이터를 활용하자. 가능한 숫자와 그래프를 이용하여 심플하게 도식화된 형태로 표현하는 것이 좋다. 골목길형은 그런 것들도 의심하지만 반대로 고속도로형은 아주 만족해한다. 그러므로 '어느 신문에 나온 기사'이거나 '유명한 누가 말한 것'이거나 '학계 발표에 의하면'처럼 명확한 근거를 활용하는 것이 필요하다. 고속도로형은 안개 속같이 말하는 것을 제일 싫어한다.

마지막으로, 유형별 감성 포인트를 파악하는 것보다 더 중요한 것이 있다. 설득해야 할 대상이 고속도로형이든 골목길형이든 또는 제3의 유형이든, 약간의 차이는 있겠지만 결국은 하나로 집결되는 것이 있으니 그것은 바로 파트너십이다. 갑도 을도 아닌 함께 하는 파트너, 즉 좋은 결과를 위해 함께 뛰는 동반자 의식 말이다. 주어진 기획안을 숙제처럼 하는 사람과 애정으로 하는 사람은 분명히 결과가 달라진다.

모든 기획자들이 누군가를 설득해야 하는 숙명을 지니고 있듯이, 광고기획자 역시 늘상 광고주들을 설득해야 하는 위치에 있다보니 광고주는 '갑', 스스로는 '을'이라는 생각을 당연시한다. 그래서 가끔 광고주에게서 실컷 깨지고 온 날은 푸념처럼 농담처럼 이런 말을 한다. "죽기 전에 광고주 한 번 하고 죽어야 할 텐데."

이럴 때는 세상이 마치 '설득자'와 그에 대한 판결을 내리는 '설득대상자'로 구분되고, 내 자리는 평생 '설득자' 신세인 것만 같은 생각이 든다. 하지만 가만히 생각해보면 우리는 늘 서로의 자리를 오간다. 상사에게 호되게 기획안을 공격당했다면 상사가 '설득대상자', 나는 '설득자'이다. 그리고 이번에는 내 설득이 실패한 것이다. 하지만 자리로 돌아와 부하직원의 서툰 기획안을 받고 나서 "김 대리, 이렇게밖에 못 해?"라고 분통을 터뜨리는 당신은 어느새 '설득대상자'인 갑의 위치에 앉아 있다.

세상은 '설득자'와 '설득대상자'의 위치를 넘나들게 되어 있다. 그렇기 때문에 상대의 입장을 바꾸어서 생각해볼 수 있는 것이다. 내가 설득대상자인 갑의 상황이라면 어떤 마음일지, 어떻게 해줬으면 좋을지를 상상해보는 것, 여기에서부터 킬링 포인트를 찾기 위한 통찰은 시작된다.

'파트너십'은 기획자와 소비자를 대립항이 아니라 든든한 파트너로 묶어주는 끈이기에, 이것이야말로 유형별 접근보다 더 중요하고 가장 중요한 것이다. 애정으로 열렬히 설득하는 기획자 앞에 설득당하지 않을 사람은 없는 법이다.

Killing Point Checking!

그는 고속도로형일까? 골목길형일까?

1 **감성 포인트의 유형을 잘 파악하라.** 특히나 USP를 감성 코드에 잘 담아내는 것이 중요한 우리의 정서에는 더욱 그렇다. 일명 3,000원송 광고로 가격의 USP만 정직하게 어필했다가 싸구려 브랜드로 이미지가 폄하되어버렸던 유명 패스트푸드 기업의 과거 사례를 주목하라.

2 **고속도로형은 심플하고 직설적으로 접근하라.** 기획서는 표를 활용하여 논리적으로, 표현은 단순하고 직설적으로 하라. 전략이 정교하지 않으면 두 번 다시 기회를 얻지 못할 수 있으니, 섬세하고 치밀한 준비가 필요하다.

3 **골목길형은 비주얼하고 은유적으로 접근하라.** 이미지를 활용하여 트렌디하게, 스토리를 활용하면서 은유적인 표현을 적절히 구사하라. '필'이 꽂혀야 설득되는 그들에게는 느낌이 매우 중요하다. 옷차림에서부터 인사말까지, 감각 있게 어필하는 것이 필요하다.

4 **가장 중요한 것은 나는 그의 파트너라는 '파트너십'이다.** 그 사람의 문제를 해결해주는 컨설턴트이자 문제해결자로서의 정체성과 자부심을 스스로 가져가자.

우선순위 세우기로 기획의 맥을 잡아라

앞장에서 우리는 크게 고속도로형과 골목길형으로 구분하여, 감성 포인트도 유형별 접근이 필요하다는 것을 보았다. 하지만 유형별 접근보다 더 중요한 것은 바로 파트너십임을 강조했는데, 이 장에서는 그렇다면 어떤 태도로 어떻게 설득대상자에게 다가갈 것인가에 대해 이야기해보도록 하겠다. 파트너십을 가져가기 위해서는 일단 내가 설득해야 할 대상에 대해서 알아야 하고, 상대를 알기 위해서는 어떤 식으로든 다가가서 접촉하고 부딪쳐야 하기 때문이다.

내부 의견을 먼저 조율하라

예나 지금이나 설득하기 어려운 대상으로 금융계 사람들을 꼽는다. 그런데 그들 중에서도 국가고시를 패스하고 외국의 유명대학에서 MBA를 마친 엘리트 코스의 M&A 전문가들보다 더 어려운 상대가 바로 상고를 나와 30년 이상 금융계에서 잔뼈가 굵은, 소위 현장 출신들이다. 내가 만난 그들은 숫자 감각에 있어 천재나 다름없었다. 게다가 수십 년간 현장에서 대소사를 겪으며 쌓아진 그들의 자신감은 가히 에베레스트 산에 비유해도 과언이 아닐 정도이다.

금융천재들로 구성된 금융그룹의 광고를 담당하고 있던 모 광고회사는 그래서 늘 설득의 벽에 걸려 힘들어했다. 회사가 날로 번창하고 있어 금융그룹의 이미지를 만드는 데에 회장부터 전 임원진의 관심이 집중되던 때이니, 브리핑할 때마다 의견이 넘쳐나서 배가 산으로 가기 일쑤였다. 그리고 이런 상황이 자꾸 반복되다보니 결국 화살은 광고회사에게 날아들었다. 담당 광고회사가 실력이 없어서 자신들의 뜻을 이해 못 하는 것이 아니냐는 것이었다.

광고회사는 위기를 탈출해야 했다. 그리고 내게 스카우트 제의를 해왔다. 이 골치 아픈 광고주를 설득할 사람이 필요했던 것이다. 스카우트 조건보다는 그러한 상황이 나를 설레게 했다. 일체를 내 방식대로 하겠다는 약속만 받고 나는 제의에 동의했다.

그런데 막상 입사하고 보니 복병이 있었다. 우선 내가 설득해야 할 광고주인 그 금융회사는 내가 새롭게 옮겨간 광고회사와 오랫동안 파트너십을 가져온 터여서, 이제 새로운 광고회사로 교체하고 싶은 마음이 간절해 있던 것이다. 이런 분위기를 모두들 읽고 있던 탓인지, 회사의 담당 스태프들도 이번 프로젝트에 합류하지 않기만을 바라는 눈치였다. 이번 일은 성공하면 본전이요, 만약 실패해서 오래된 광고주를 다른 회사에 빼앗기면 회사에 찍히는 것이요 결국 보따리를 싸야 할 것이라는 생각들이었던 것이다.

나에게 주어진 기회는 2주 후에 있을 단 한 번의 프레젠테이션뿐이었다. 단 한 번의 기회라… 내게 언제 두 번의 기회가 있었던가. 경쟁 피티는 늘 한 번으로 끝나는 게임이 아니었던가. 잠시 공황상태에 빠졌던 나는 스스로를 다시 일으켜 세웠다. 그리고 문제의 방으로 걸어 들어갔다. 문제 속에는 답이 있다. 답은 그 문제를 정확히 알아야만 보인다. 나는 문제를 째려보기 시작했다.

담당자의 오리엔테이션을 받고 보니, 문제는 설득의 시작에서부터 걸려 있었다. 광고주가 원하는 것은 회사의 이러저러한 철학을 다 녹여 넣고 싶다는 것이었는데, 우리 회사는 그것을 풀어내지 못하고 있었다. 메시지를 하나로 응축해서 소위 '컨셉'이라는 것을 만들어 제시하면 광고주는 경영이념이 전부 녹아 있지 않다고 퇴짜를 놓았고, 그들 뜻대로 메시지를 하나하나 다 풀어서 제시하면 무슨 말을 하는 것인지 알 수 없다며 퇴짜를 놓았던 것이다.

게다가 광고주 측 임원진들 사이에서도 의견 통일이 안 된 상황이었다. 어떤 임원은 "우리 은행이 이제 금융그룹으로 승화하는 것인데 큰 그룹으로서의 면모를 보여줘야 하는 것 아니냐"며 '규모'를 내세우고 싶어했고, 어떤 임원은 타 은행보다 서비스 면에서 앞서 있다는 점에 초점을 맞추어 '첨단'을 계속 주장했다. 무엇보다 고객 사랑이라는 본질을 강조해야 하지 않겠느냐며 '사랑'을 고집하는 중역도 있었다. 이렇게 중역들 사이에도 의견 대립이 팽팽하여 초점이 하나로 모아지지 않은 상황이었기에, 무엇을 어떻게 설득해야 할지 더욱 오리무중으로 빠져들었던 것이다.

나는 우선 광고주 측 중역들을 인터뷰하겠다고 했다. 광고나 만들어 오면 될 일이지 바쁘신 광고주 중역들의 시간까지 축내려 하느냐는 우려 섞인 반응들이 돌아왔다. 그래서 나는 그럼 광고를 담당한 회사의 중역이 새로 왔으니 인사를 드리겠다고 수정했다. 가까스로 일정이 잡혔다.

일정이 잡히고 나자 곧바로 그들에 대한 연구에 들어갔다. 우선 이번 프로젝트를 담당해온 직원들을 통해 각 중역들이 주장하는 바가 무엇인지를 꼼꼼히 체크했다. 앞에서 말한 대로 어떤 임원은 '규모'를 주장하고, 어떤 임원은 '첨단'을 고집했으며, 어떤 임원은 '사랑'을 강조했다.

나는 기존의 담당자들이 기획안으로 제시했던 '규모'의 논리가 틀리지 않다고 판단했다. 지난 20여 년을 2군 은행의 위치에 있다가 은행간 합병을 통해 규모가 커졌으니, 이제 2군의 설움을 벗어나고 싶을 것이다. 그리고 그 당시까지만 해도 은행에 대한 소비자 신뢰도의 가장 큰 비중을 차지하는 것이 규모였기에, 이는 소비자에게도 마땅한 전략이었다. 따라서 먼저 '규모'에 대한 신뢰가 소비자들 사이에서 자리 잡고 난 다음에, 후광효과를 생각하도록 시리즈 광고가 나가면 될 터였다. 먼저 '규모', 그 다음에 '첨단' 서비스를 갖춘 능력, 그리고 마지막으로 규모와 능력을 겸비했으니 소비자에게 무엇이든 제공할 수 있는 '사랑' 받는 브랜드가 되는 순으로 가면 되는 것이다.

그러나 먼저 광고주 중역들 간의 의견을 조율해야 했다. 이럴 때는 분리전략을 써야 한다. 이들을 한꺼번에 앉혀 놓고 의견을 조율하려 하면 결론은 광고회사가 잘리는 것으로 끝날 수 있다. 내부적으로 의견대립이 있는 상태에서 미팅만 반복된다면 분명 설득은 되지 않은 채 지지 부지하게 브리핑만 반복될 것이요, 결국 그 탓은 온전히 광고회사로 돌아올 것이기 때문이다.

일단은 그들을 설득할 방법을 찾아야 했다. 그렇기에 그들을 분리해서 따로따로 만나보기로 한 것이다. 하지만 이것 또한 쉬운 일은 아니었다. 바쁘신 중역들께서 나에게 많은 시간을 내줄 리는 결코 없다. 아마 형식적으로 인사를 받고 데면데면한 분위기에서 마무리가 될 것이다. 이런 상황에서 어떻게 그들을 설득할 수 있을까? 인사 시간을 늘이는 수밖에 없다는 결론을 내렸다. 나는 그들의 개인정보를 수집하기 시작했다. 사사롭지만 그들의 마음을 3분 내에 무장해제시킬 수 있는 킬링 포인트가 될 꺼리들을 말이다.

그렇다면 그러한 정보를 과연 어떻게 찾을 것인가? 그런 사적이고 디테일한 정보들은 그들과 친한 중역들에게서 나오는 것이 아니다. 아무리 사이가 가깝다 할지라도 회사 내에서 경쟁상대가 될 수도 있는 동급의 중역이나 바로 밑의 부하직원에게 그런 정보를 발설하지는 결코 않을 것이다. 시각을 달리 해서 다른 루트를 찾아야 한다. 그 답은 바로 '비서'들이다. 대개는 본인을 긴장시키지 않는 비서들에게 그런 정보를 노출하게 되기 때문이다.

비서들을 직접 만나러 갔다. 임원들을 만나 인사를 할 예정인데 그보다 먼저 비서에게 인사를 해야 할 것 같아서 왔다고 했다. 자신의 회사 광고를 맡고 있는 광고회사의 중역이 비서인 본인에게 먼저 인사를 왔다니 기분 나쁠 리 없을 터. 게다가 같은 여자이니 금방 친숙하게 되었고, 그쪽에서 먼저 도와줄 것이 무엇이냐고 물어왔다. 그렇게 차 한 잔을 하는 동안 중역들의 캐릭터와 최근 관심사를 들을 수 있었다.

마침내 광고주 중역들에게 인사를 하러 방문하는 날, 나는 그동안 그들에 대해 연구한 것들을 들고 들어갔다. 노래방 벙어리인 중역에게는 그에게 어울릴 만한 노래들을 mp3에 담아갔다. 물론 가사를 타이핑해서 건네는 센스도 잊지 않았다. 그는 딸에게서도 못 받아본 선물이라며 얼마나 감사 인사를 반복하던지 내가 민망할 정도였다. 학구파 스타일 중역에게는 세계의 트렌드를 소개한 책을 선물로 준비했다. 카리스마 넘치는 고위 중역에게는 어느 자리에서나 친근하고 소탈하게 느끼게 도와주는 유머 리스트를 전해드렸다.

잠깐 목례만 하고 나온다는 인사 시간은 각각 최소 20분 이상으로 늘어났다. 그들은 첫 대면에서 인상 깊은 선물을 받았으니 차 한 잔 대접하겠다고 했고, 비서가 물을 끓여 예쁜 찻잔에 차를 내오기까지 최소 5분 이상이 걸렸다. 거기에 차를 마시며 이야기하는 시간이 잠깐만 더해져도 족히 20분은 되었던 것이다. 그 시간이면 충분했다. 나는 광고주 측 실무 담당자와의 의례적인 오리엔테이션을 원하지 않았다. 실제로 기획안을 심판할 중역들의 생각을 알고 싶었다. 그리고 20분은 그들의 생각을 알아내는 데 충분했다.

관점을 틀면 합의점이 보인다

나는 각각 중역들에게 이번 기업 PR 광고에 무엇을 담아야 할지를 물었다. 하지만 이 경우에도 "이번 광고에서 어떤 메시지를 담고 싶으세요?"라는 질문만 던진다면 각 중역들이 기존에 주장해온 제각각의 포인트만을 반복해서 확인하는 꼴밖에 되지 않을 터였다. 나는 일단 그들이 원하는 것이 무엇인지 물은 다음, 그렇다면 그 메시지가 소비자들에게 소구되기 위해서는 어떤 근거를 가져와야 할지를 더 따져 물었다. 자신만의 강조점에서 한발 벗어나 소비자의 입장에서 어떻게 보일지를 상상할 수 있도록 관점을 조금 틀어주었던 것이다.

예컨대 '첨단 서비스'를 포인트로 잡으면 좋겠다고 주장하는 중역에게는 이렇게 물었다. "옳으신 말씀입니다. 그런데 첨단 서비스를 주장할 때 그럴 만한 근거가 있으면 더 좋을 것 같은데요. 상무님은 어떤 근거라면 소비자들이 쉽게 받아들일 거라고 생각하시나요?" "글쎄… 우리가 이번에 규모가 커졌잖아요. 합병하면 회사 규모가 업계 3위까지 올라설 수도 있을 테니까요." 나는 속으로 빙고를 외치며 대답했다. "아, 그러니까 첨단 서비스에 대한 신뢰를 얻으려면 규모를 먼저 알려줘야겠군요."

내게 주어진 20여 분의 대화를 통해 이런 식으로 가닥을 잡아가니, 중역들과의 인사가 모두 끝나자 첨단이든 사랑이든 결국 1차적인 설득 근거는 '규모'임을 그들 모두에게 자연스럽게 납득시킬 수 있었다.

킬링 포인트를 우선적으로 찍어라

관건은, 중요한 것들의 나열이 아니라 어느 것이 더 중요한지 우선순위를 정하는 것이다. 수많은 포인트들 중에서 핵심이 되는 킬링 포인트를 먼저 찍는 것이 필요한 것이다. 대인관계에 있어 첫인상의 중요성은 수없이 많은 리더들과 학자들에 의해 강조되어왔다. 첫인상이란 나에 대해 입력된 첫 정보이다. 그리고 처음에 입력된 정보가 전체에 영향을 미친다.

사회심리학자 솔로몬 애쉬Solomon Asch의 실험은 처음 입력된 정보, 즉 첫인상의 중요성을 극명하게 보여준다. 사람들을 두 그룹으로 나눈 뒤, 동일한 내용으로 사람의 성향을 설명하되 정보의 순서만 달리해서 소개했다. 한 그룹의 사람들에게는 '지적이다-근면하다-충동적이다-비판적이다-고집이 세다-질투심이 강하다'라는 순으로 정보를 주면서 그 사람을 소개하였고, 다른 그룹의 사람들에게는 이와는 반대의 순서로 '질투심이 강하다-고집이 세다-비판적이다-충동적이다-근면하다-지적이다'라는 순으로 정보를 주면서 소개하였다. 그리고 소개한 사람에 대해 평가를 해달라고 두 그룹에게 각각 요청하였다.

평가 결과가 어떻게 나왔을까? 동일한 정보임에도 불구하고, 긍정적인 내용을 먼저 들었던 첫 그룹이, 부정적인 내용을 먼저 들었던 두 번째 그룹보다 소개 받은 인물을 훨씬 더 좋게 평가했다. 이는 처음 제시된 정보가 나중에 들어오는 정보의 해석 근거가 되고 전체의 흐름을 좌우하기 때문이다.

첫 인상의 영향력은 모든 관계에 동일하게 나타난다. 사적인 관계뿐만 아니라 기획자와 결정권자의 관계는 물론이고, 브랜드 대 소비자 관계에서도 그 효과는 적용된다. 기획자로서든 브랜드 차원에서든 처음에 어필되는 이미지는 웬만해서는 바꾸기 어렵다. 첫 정보가 이 정도로 중요한 파급력을 미치기 때문에, 첫 순간에 어떤 메시지를 입력할 것인지는 과학적 데이터는 물론 통찰력까지 필요로 하는 문제이다. 여러 가지 포인트 중에서 어떤 것을 어필할 것인가, 즉 어느 포인트를 킬링 포인트로 잡을 것인가는 이처럼 중요하다.

이번 프로젝트의 경우, '규모', '첨단', '사랑'으로 분열되어 있던 중역진들의 포인트 중에서 가장 중요한 포인트, 즉 킬링 포인트는 '규모'라는 판단하에, 사전 미팅을 통해 중역진의 의견을 '규모'라는 하나의 포인트에 맞춰놓는 데까지는 성공했다.

브리핑 준비는 다 마쳤다. 가장 중요한 킬링 포인트인 '규모'의 논리를 브랜드 이미지의 근거 세우기 논리로 풀어낼 전략을 세웠다.

그런데 또 문제가 생겼다. 우리가 브리핑하는 날이 한 달에 한 번 하는 회장단 미팅과 겹쳐서 브리핑 시간이 10분밖에 배정되지 않으며, 중역들에게 미리 보고서를 제출하여 실제 브리핑 때는 핵심만 설명하고 질문을 받는 형식으로 진행하라는 것이었다. 각종 동영상과 이미지 컷을 사용해 우리의 전략을 재미있게 풀어내는 브리핑을 준비했는데, 10분 내에 핵심만 말하고 질문에 답만 하라는 광고주 측의 요구는 그동안의 준비를 모두 헛수고로 만들어버리는 것이었다.

빔 프로젝트를 설치할 시간도 상황도 되지 않는다. 군대처럼 차트를 만들 수도 없는 노릇이요, 그 커다란 회의실에서 조그마한 노트북을 펼쳐 보이며 브리핑을 할 수도 없는 노릇이다. 특히나 다른 경쟁사처럼 미리 기획서를 중역들에게 전달하는 것은 절대 안 되는 일이었다. 아이디어를 설득하는 일은 숫자로 된 회계 브리핑이 아니다. 이것은 대체로 귀납적인 방법을 쓰는 설득의 쇼이다. 영화를 볼 때도 줄거리를 다 알고 가면 재미없듯이, 브리핑도 마찬가지다. 브리핑은 내가 설득하고자 하는 결론에 상대방이 도달하게끔 다양한 내용의 자료를 사용하여 점층적으로 동의를 구하는 과정이 되어야 한다. 그런데 기획서를 문서로 미리 제출해버리면 그들을 점층적으로 내 설득의 공간으로 끌어들일 과정 자체가 불가능해지는 것이다. 어떻게 할 것인가? 내 방에서 빙빙 돌며 아무리 머리를 짜내도 뾰족한 방법이 떠오르질 않았다.

킬링 아이템을 활용하면 설득력이 배가된다

이렇게 머릿속이 꽉 막힌 것 같은 때에는 늪에서 빠져나와 다른 곳에 서보자. 나는 답답할 때마다 머리 쉼을 하러 찾는 근처 미술관으로 갔다. 평일 오후라 그런지 한적한 갤러리에 들어서니, 지금까지 수세미 속 같았던 머릿속이 맑아지기 시작했다. 나는 전혀 고민이 없었던 사람처럼 한가하게 그림들을 음미하기 시작했다. 그렇게 갤러리 내부의 전시관 몇 개를 둘러보고 돌아설 즈음, 황토빛 투박한 항아리가 그려진 그림 앞에서 발을 멈췄다. 유레카! 항아리를 보는 순간 얼마 전 책에서 읽었던 항아리를 소재로 한 이야기가 생각났기 때문이다. 그것은 단지 항아리를 무작정 채우는 것이 중요한 것이 아니라 무엇을 먼저 넣을지 순서가 중요함을 강조하는 이야기였다. 프로젝터를 설치할 시간도 허용되지 않는 단 10분의 상황에서 해결 방법은 '스토리'를 통한 메시지의 전달이라는 생각이 떠올랐다. 그리고 그 항아리 우화는 정확히 과녁에 꽂힌 킬링 아이템이었다.

브리핑 날 아침, 다른 대기자들은 서류를 읽고 또 읽고를 반복하며 긴장감을 늦추지 않았다. 하단부가 유리로 된 회의실 안쪽을 보니 프레젠터가 기획서를 들고 초등학생처럼 큰 소리로 성실하게 읽고 있는 것 같았다. 나는 내 프레젠테이션 때 나에게 의외의 시선을 보낼 임원들의 얼굴을 상상하면서 임원들의 사진과 이름을 마지막으로 다시 한 번 확인하였다. 몇 사람인가는 호명하며 질문도 해야 하기 때문에 아예 얼굴과 이름을 연결해서 외워버린 것이다.

드디어 내 순서. 보통 광고주에게 브리핑을 할 때에는 보조할 직원을 대동한다. 빔 프로젝터도 설치하고 브리핑시 있었던 질문 내용들도 기록해야 하기 때문이다. 그러나 이번에는 그것도 여의치 않은 자리라 나 혼자 들어갔다. 항아리 그림이 있는 보드를 들고 말이다.

미술관에서 돌아오자마자 나는 디자이너들에게 항아리 그림을 찾으라고 했다. 그리고 텔레비전 오락 프로그램에서 하는 것처럼 항아리 그림 위에 스티커 형식으로 붙였다 뗐다 할 수 있는 보드를 만들라고 지시했다.

첫 번째는 빈 항아리 그림을 보여주었다. 그리고 이렇게 입을 뗐다.

"이 항아리를 채우기 위해 큰 돌을 넣겠습니다."

빈 항아리 부분의 스티커를 떼어내면 그 밑에는 큰 돌로 채워진 항아리 그림이 나타난다. 그리고 나는 다시 물었다.

"자, 항아리는 다 채워져 있습니까?"

홍보 담당 중역의 얼굴이 빨개졌다. 늘 보아왔던 정석적인 브리핑이 아니라서 다른 중역들과 사장단들의 눈치가 보였기 때문이리라. 중역들은 좀 이상한 브리핑이다 싶었지만 지난번에 인사도 나눈 사이이고 이미 앞에서 열 개 팀의 지루하고 고정적인 브리핑을 받은 터라 싫지는 않은 내색이었다. 하지만 예상했던 대로 나의 질문에 대답하는 사람은 아무도 없었다. 그런데 회장님께서 분위기를 띄우려는 듯 한마디 하셨다. "다 채워졌구만 뭐!" "맞습니다. 하지만 이렇게 작은 돌멩이들을 넣으면 더 채울 수도 있겠죠?" 하면서 나는 다른 스티커를 떼어 작은 돌멩이가 큰 돌멩이 사이사이 가득한 다음 그림을 보여주었다. 그리고 "자, 이제 다 채워졌나요?" 하고 물으니 회장님이 빙그레 웃었다.

그런 식으로 모래를 채우고, 마지막으로 물을 붓는 순서로 스티커를 하나씩 떼어가면서 항아리가 점점 꽉 차는 과정을 설명했다. 그리고 마지막으로 물었다.

“이것이 시사하는 바가 무엇일까요?”

이야기는 가장 먼저 큰 돌을 넣지 않는다면 항아리를 이렇게 가득 채울 수 없다는 것, 가령 작은 돌멩이들로 먼저 채우거나 물을 먼저 가득 부어버리면 결코 큰 돌은 넣을 수 없다는 것이라며 메시지를 명료하게 정리했다. 결론은 이 회사가 소비자에게 전달하고 싶어하는 많은 이야기가 있지만, 가장 큰 돌을 제일 먼저 채우지 않으면 소비자들은 핵심을 알지 못하게 된다는 것이었다.

중역들이 “호오~” 하면서 항아리 비유에 끄덕끄덕 동의를 표했다. 상대가 나의 말에 고개를 끄떡이는 그 시점, 드디어 설득의 문이 열린 것이다. 전형적인 브리핑의 틀을 벗어나서, 항아리 이야기를 통해 논리를 감성적인 방법으로 풀어내어 공감을 끌어낸 것이었다.

나는 바로 다음 장 보드를 열고, 그럼 우리에게 가장 큰 돌이 무엇인지를 설명하기 시작했다. 중앙로에 있는 큰 규모의 슈퍼마켓과 동네의 작은 구멍가게 사진을 보여주면서, 흔하지 않은 특별한 물건을 사려면 어디로 가게 되는가를 물었다. 답은 뻔하지 않은가. 두 번 발걸음하지 않으려면 대개는 큰 슈퍼마켓으로 갈 것이다. 크기 때문에 필요한 모든 것이 다 있고, 쇼핑 환경도 좋으며, 가격도 합리적일 것이라고 생각되기 때문이다. “따라서 우리도 크기 때문에 필요한 모든 것이 다 있다는 것을 큰 돌로 설정해야 합니다.” 나는 자연스럽게 ‘규모’의 키워드로 ‘첨단 서비스’와 ‘사랑’이라는 다른 논쟁 요소들을 통합해갔다. 항아리 비유와 슈퍼마켓의 비유를 통해 신한금융그룹도 '큰 돌'을 먼저 넣어야 하며, 그 큰 돌은 바로 '규모'임을 심플하게 설득한 것이다. 복잡한 논리나 기발한 비유를 남발하지 않고 말이다.

그리고 커다란 공장처럼 톱니바퀴가 맞물려 돌아가는 네트워크의 이미지를 보여주면서 '크다'라는 규모의 논리와, 그 큰 규모 속에 다양한 서비스가 톱니바퀴처럼 유기적으로 맞물려 돌아가고 있다는 점을 소비자에게 어필하겠다고 우리의 제작물을 설명하였다. 고속도로형인 금융권 사람들에게는 직설화법이 적절하다고 앞에서 말했다. 그러나 이번 프레젠테이션의 경우, 브리핑의 조건—10분이라는 제한시간, 장비 사용불가, 수많은 타부서의 지루한 브리핑 속에 끼어 있는 발표순서—을 고려해서 스타일을 바꿨다. 그러나 결론인 제작물은 누가 봐도 심플하게 이해할 수 있는 직설화법을 사용하였다.

진행시간 딱 10분. 회장님의 질문은 하나였다.

"그럼 언제 우리 광고를 텔레비전에서 볼 수 있나요?"

그 브리핑이 성공한 후 몇 가지가 달라졌다. 괜히 비싼 값에 스카우트한 것 아닌가 하는 직원들의 시기심 어린 눈빛에서 자유로울 수 있었고, 나보다 나이가 많은 부하직원들에게 쏟아야 할 에너지를 아낄 수 있었다. 그간 광고주 측 실무담당자에게 폄하되었던 우리 회사의 입지도 견고해졌으며, 무엇보다도 혹시나 해서 경쟁 프레젠테이션을 준비하고 있던 다른 광고회사를 일거에 잠재운 것은 신나는 일이 아닐 수 없었다.

뜻이 있는 곳에 길이 있다고 했다. 누구나 다 아는 말이다. 왜 성공 비법은 이렇게 평범한 진리 속에 있을까. 문제를 풀려는 뜻을 갖고 고심하고 또 고심하면 방법은 보인다. 이 말에서 중요한 것은 '또 고심'한다는 데에 있다. 언뜻 보기에 다 중요해 보이는 포인트들 중에서 어떤 포인트가 킬링 포인트일지 우선순위를 고민하는 것, 출발점은 바로 거기에서부터이다.

Killing Point Checking!

우선순위를 제대로 세웠는가?

1 여러 개의 중요한 포인트 중 킬링 포인트가 무엇일지 고심하라. 말하고 싶은 포인트는 여러 개일 수 있다. 그러나 킬링 포인트는 단 하나로 말하는 것이다.

2 킬링 포인트가 될 큰 돌을 찾아라. 그리고 킬링 포인트를 중심으로 하여 중요 포인트들을 어떤 순서로 배열할 것인지 우선순위를 고민하라. 그래야 기획안이 정교하고 힘이 붙는다.

3 킬링 포인트를 찾기 위한 핵심 정보를 얻을 수 있는 루트를 찾아라. 기획 미팅을 할 경우에도, 첫 만남에서 상대의 마음을 열어 내가 원하는 답을 얻는 것이 중요하다. 구하는 자에게는 반드시 길이 열린다. 킬링 포인트를 찾기 위한 핵심 정보를 얻을 수 있는 루트가 무엇일지 고민하고 발로 뛰어라.

4 스토리와 상징은 메시지를 효과적으로 전할 수 있는 강력한 감성 코드이다. 평소 다양한 분야의 독서를 통해 스토리를 저장해두도록!

5 반드시 문제에 답이 있다. 지레 겁먹지 말고 기꺼이 문제 속으로 걸어 들어가라.

출제자에게서 답의 힌트를 얻는다

백화점 총괄 매니저에게 곤란한 일이 생겼다. 고객 불만 엽서는 날로 쌓여가는데 한 가지 문제를 풀지 못하고 있었던 것이다. 고객 응대에 주차 서비스까지 웬만한 문제는 해결했는데, 이것만은 쉽게 결단을 내리지 못했다. 다름 아닌 엘리베이터 속도가 느려서 답답하다는 고객 불만이었다.

전문가를 불러 조사를 했더니 견적이 엄청나게 나왔다. 백화점 내 12개의 엘리베이터를 모두 고치는 것은 비용도 비용이려니와 수리하는 동안 멈춰 있어야 하는 엘리베이터 때문에 고객 불만이 더 커질 테니, 어찌 해야 할지 해결책이 보이지 않았던 것이다. 설상가상으로 연말 대목이 눈앞에 있었다. 엘리베이터 문제를 하루빨리 해결하지 못하면 연말 고객은 다른 백화점으로 뺏길 터였다.

그런데 청소하는 아주머니가 소문을 듣고 찾아왔다. "나에게 엘리베이터 1개당 10만 원씩만 주면 하룻밤 새 문제를 해결해드릴 수가 있겠는데요." 믿기지 않은 얼굴로 쳐다보던 총괄 매니저는 아주머니의 말을 끝까지 듣고는 무릎을 쳤다. 다음날부터 고객의 불만은 사그라들었다. 과연 청소 아주머니의 비법은 무엇이었을까?

해답은 바로 거울이었다. 엘리베이터 안에 큼지막한 거울을 달자, 사람들이 그 거울을 보며 화장을 고치고 매무새를 다듬느라 더 이상 엘리베이터 속도는 의식할 꺼리가 되지 않았던 것이다.

문제에 대한 관점 바꾸기

총괄 매니저와 아주머니는 동일한 문제를 전혀 다른 방식으로 풀었다. 매니저는 문제 그 자체만을 생각한 것이고, 아주머니는 문제 속을 들여다보았다. 매니저가 '느리다'라는 문제를 어떻게 하면 '빠르게' 바꿀까의 물리적인 차원에서 생각했다면, 아주머니는 '느리다'라는 문제 속을 들여다보고 '느리다고 생각하지 못하게' 만드는 방법을 찾아낸 것이다.

더 생각하기란 바로 '관점 바꿔보기'이다. 한때 세계적인 고질병이었던 천연두는 에드워드 제너Edward Jenner가 "왜 사람들은 천연두에 걸리는가?"에서 "왜 낙농 종사자들은 천연두에 걸리지 않는가?"로 질문의 관점을 바꾸면서 해결되었다고 한다. 소에서 뽑아낸 면역

물질이 천연두를 예방한다는 사실을 발견함으로써 '종두'가 나왔고 마침내 천연두가 종식된 것이다.

그렇다면 기획에서 관점 바꿔보기란 무엇일까? 바로 소비자의 관점이 되는 것이다. 매니저는 문제의 대상인 제품에만 초점을 맞췄다. 그래서 제품의 문제점을 어떻게 개선시켜야 할까, 그런데 개선시키려면 돈과 시간이 많이 든다, 자본은 어떻게 감당하며 시간이 지연되면서 쏟아지는 소비자 불만은 어떻게 해야 할까… 문제가 꼬리에 꼬리를 무는 사태를 초래했다.

하지만 청소부 아주머니는 문제라고 느끼는 당사자, 즉 그 제품을 사용하는 소비자에게 초점을 맞추었다. 그렇기에 '고객들이 어떻게 하면 엘리베이터 속도가 느리다고 느끼지 못하게 할 수 있을까?'라는 새로운 질문의 발상이 가능했던 것이다. 문제 자체가 아닌 문제 속에 숨어 있는 사람을 보는 것, 그 관점의 이동 속에서 킬링 포인트는 보인다. 제품개발력이 평준화된 시장 상황에서 관점 바꾸기는 더욱 중요하다. 하늘 아래 새로운 것은 없다. 새로운 제품도, 새로운 기획도 없다. 다만 누군가 생각했던 것, 혹은 늘 있었던 문제를 '어떤 관점'에서 '어떻게 접근하느냐'가 관건인 것이다.

어려운 문제가 내 앞에 떨어질 때마다, 그리고 그 문제의 답을 구하기 위해 머리를 굴려야 할 때마다, 내가 늘 마음속에 되새기는 가장 큰 전제는 바로 이것이다.

'늘 문제 속에 답이 있다.'

문제 자체보다는 '문제 속'이 중요하다. 문제 속에는 문제를 제시한 출제자가 있다. 출제자는 클라이언트일 수도 있고, 소비자일 수도 있다. 문제라고 느끼는 바로 그 사람이 출제자이다. 그리고 답은 바로 그 출제자로부터 비롯된다. 물론 문제를 낸 출제자는 본인이 답을 가지고 있다는 사실을 모른다. 그렇기에 기획자가 필요한 것이 아니겠는가.

이런 맥락에서 나는 오리엔테이션을 중요시한다. 오티는 프레젠테이션의 선포식이자 시작이다. 하지만 내가 생각하기에 오티의 중요성은 그 이상이다. 나는 피티의 답은 오티에 있다고 확신한다. 왜냐하면 오티 자리에는 과제를 내는 사람, 즉 문제 출제자가 있기 때문이다. 그래서 중역이 되고 난 후에도 나는 오티 자리에 꼭 참석한다. 다른 경쟁사에서는 두세 명의 담당 AE광고전략가들이 참석할 뿐인데 왜 굳이 중역인 부사장님까지 나서냐며 직원들은 내게 항의조로 말하곤 하지만, 그래도 굴하지 않고 간다. 그곳은 답의 냄새가 나는 곳이기 때문이다.

물론 오티를 진행하는 광고주 담당자가 답을 알고 있는 것은 아니다. 답을 안다면 왜 광고회사를 불러 경합을 붙이겠는가. 하지만 나는 그 자리에서 답의 기운을 눈치 채고 오는 경우가 많다. 특히 중요한 사안이라 광고주 측의 본부장급이 나와서 첨언을 하는 자리라면 더욱 답의 냄새는 강해진다. 물론 말을 하는 본인은 모른다. 하지만 남다르게 촉수를 세운 나에게는 그것이 전달돼온다.

핵심정보를 얻는 루트는 따로 있다

몇 해 전 50대 1의 경쟁으로 광고계에서 화제가 된 프로젝트가 있었다. 광고주 측은 알로에를 위시하여 자연에서 얻은 천연원료로 건강식품과 화장품을 만드는, 창업주로부터 반듯한 기업철학이 이어져오는 회사로 알려진 곳이었다. 회사측에서는 새로운 브랜드의 이미지를 만드는 중요한 사안인데다가 공정한 심사를 위해 50여 곳의 광고회사에 프레젠테이션 참가 요청 공문을 보냈다. 하지만 잘하면 10여 개 회사 정도가 참가할 것이라고 내부적으로 예상하고 있었단다.

그런데 1차 오리엔테이션 자리에 38개의 회사가 참석하였다. 광고 역사상 초유의 일이 벌어진 것이다. 당황하기로는 광고주 측이나 오리엔테이션에 참석한 광고회사 측이나 마찬가지였다. 회의실에는 자리가 부족해 서 있는 사람들이 부지기수였고, 이미 몇몇 팀들은 조용히 회의실을 빠져나가고 있었다.

우리 직원들도 슬슬 내 눈치를 보고 있었다. 나는 꿈쩍도 하지 않고 머리꼭지에서부터 시원하면서도 긍정적인 기운이 들어오고 있는 것을 감지하고 있었다. '나는 어려운 게임에 강하다. 이런 건을 내가 안 하면 누가 하랴.' 나는 스스로에게 긍정의 주문을 건네고 있었다.

1차 오리엔테이션 때의 충격이 컸는지 2차 오리엔테이션에는 17개의 회사만이 참석했다. 나는 이러한 일련의 과정들을 흥미진진하게 주시하고 있었다. 실제 경쟁 프레젠테이션이 시작하기도 전에 이미 기 싸움이 시작되고 있었다. 1차 오리엔테이션 때 모인 38개의 회사들은 엄청난 경쟁률에 '말도 안 돼'라는 부정적인 마음을 이미 품었을 테고, 에너지 낭비하지 말고 이번 경쟁에서는 빠지는 게 상책이라고 생각했을 터이다. 그리고 그렇게 경쟁의 시작에서부터 부정적인 생각을 품고 자진 포기한 팀이 절반이나 되었던 것이다.

솔직히 우리 직원들도 동요한 것은 사실이었다. 하지만 나는 경쟁에 참가할 수 없는 이유가 아니라 경쟁에 참가해야 하는 이유를 찾았다. 브랜드 가치가 좋은 회사의 경쟁 프레젠테이션을 거부할 이유가 없었으며, 예상을 뛰어넘는 엄청난 경쟁사 숫자에 놀란 사람들이 알아서 빠져줄 테니 지금은 숨 고르기만 하고 있으면 된다는 것이 나의 생각이었다.

1차 경쟁은 회사소개서로 8개 회사를 선정한다고 했다. 17개에서 8개사라, 직원들은 "우선 절반을 물리쳐야 된다는 것이군요"라고 말했다. 하지만 내 생각은 달랐다. 1차 경쟁에서부터 오로지 하나의 유일한 회사로 보여야 한다.

나는 머릿속으로 시나리오를 짜기 시작했다. 회사소개서의 싸움이라면 규모가 크거나 캠페인 경험이 많은 회사가 당연히 유리할 것이다. 17개 회사들은 모두 훌륭한 성공 캠페인을 해낸 경험들이 있었고, 그런 자신감이 있으니까 버티고 있는 것이었다. 그 다음은 광고주로 잘 모시겠다는 파트너십에 대한 시스템을 자랑할 것이다. 이것도 17개사가 모두 그럴듯할 것이며 따라서 차별점이 아니다.

우리는 경쟁사보다 '더' 규모가 크고, '더' 캠페인을 많이 했고, '더' 잘 모시겠다는 식의 'better' 전략으로는 유일한 회사로 보일 수 없다. 그 외의 것이 필요하다. 나만의 킬링 포인트를 찾아야 한다.

킬링 포인트를 찾기 위해서는 먼저 핵심정보를 찾아야 한다. 남들이 다 아는 뻔한 정보로는 킬링 포인트를 찾을 수 없다. 이때 필요한 것이 네트워크와 통찰력이다. 어떤 네트워크를 통해 핵심정보를 얻을 것인가? 그리고 취합한 정보를 어떻게 분석해낼 것인가? 이것이 관건이다.

그렇다면 누구를 공략해야 핵심정보를 얻을 수 있을까? 일단 광고주 측 실무진의 이야기를 잘 들어야 한다. 실무진의 이야기는 실무 수준에서 보는 관점을 담고 있기 때문에 큰 숲을 보지 못하는 경우가 많지만, 그렇다 해도 그 이야기를 간과할 수는 없다.

하지만 거기에서 끝나면 안 된다. 총괄 책임자의 이야기를 들어야 한다. 책임자는 실무진과 보는 관점이 다르기 때문이다. 실무진이 평지에서 보는 눈높이라면, 총괄 책임자는 산봉우리에서 보는 관점이기 때문에 확실히 건질 것이 있다.

문제는 총괄 책임자를 만나기가 쉽지 않다는 것이다. 경쟁 프레젠테이션이기 때문에 형평성 차원에서도 당연한 일이기도 하다. 그래서 이 경우 실무진이 말한 내용을 놓고 산봉우리의 관점에서 보려는 노력을 해보아야 한다. 산봉우리의 관점이란, 광고주의 눈높이, 즉 최고 결정권자의 눈높이에서 프로젝트 전체를 조망해보는 것을 말한다.

또 다른 방법으로, 비슷한 업종의 총괄 책임자 급의 사람을 만나서 이야기를 나눈다. 예를 들면 SK 경쟁 프레젠테이션이라면 KTF의 중역을 만나서 이야기를 나누는 것이다. 혹은 내가 프레젠테이션에 참가해야 할 광고주 측과 경쟁구도에 있는 회사의 광고를 담당하고 있는 광고회사의 중역을 만나서 이야기를 나누기도 한다. 그 제품의 시장상황과 소비자 동향 등을 이야기하면서 숨어 있는 킬링 포인트를 찾아보는 것이다.

예를 들어, 스카이 경쟁 피티에 참가하게 되었다면, 애니콜의 담당자를 만나서 휴대폰 시장에 대한 전반적인 이야기를 나눈다. 그러다가 스카이와 관련해서 내가 관심을 가지고 있는 주제로 초점을 가져오는 것이다. 예컨대, 이번 프레젠테이션은 마니아 브랜드 스카이가 그 영역을 더 확대해서 매스티지masstige: 대중(mass)과 명품(prestige product)의 합성어. 품질과 상표는 '명품' 이미지를 갖추되 합리적인 가격으로 대량생산이 되는 상품 전략을 원하는 경우인데, 애니콜은 마니아부터 매스티지까지 타깃층이 다양한 편이다. 그러면 제품과 관련된 타깃 이야기를 하면서 마니아 군과 매스티지 군에 대한 질문을 슬쩍 던지는 식이다. 이런 식으로 핵심 정보를 얻기 위해서 어떤 식으로든 라인을 찾아내려 한다. 그래서 굉장히 부지런해야만 한다.

이번 경우에도 나는 인맥을 동원하여 광고주 측 마케팅 총괄 책임자에 대한 정보를 모았다. 마케팅 총괄 책임자는 여성인데, 대기업 식품 쪽 마케팅만 전문으로 하다가 그 회사에 옮겨온 지 얼마 되지 않은 상황이었다. 일처리가 꼼꼼하고, 정의로운 캐릭터이며, 새로운 CI 작업에 따른 새로운 브랜드 이미지 만들기에 고심하고 있는데 예산이 넉넉하지 않아 브랜드 컨설팅을 받지 못했다고 했다.

브랜드 이미지에 관심이 많으나 예산 문제로 전문 컨설팅은 받지 못한 상황, 게다가 부임한 지 얼마 되지 않았으니 아직 팀원들과 손발이 익지는 않았을 것. 그러니 이번에 선택할 광고회사가 손발을 잘 맞춰주면 좋겠다는 바람이 있을 것이다. 나는 우리 회사의 소개서를 정성들여 구성하면서, 특히나 한 가지에 더욱 신경을 썼다. 그것은 총괄책임자인 나의 역할에 대해서였다. 브랜드 전공의 박사 학위를 갖고 있다는 점과, 브랜드 전문가로서 성공적으로 이끈 각 기업의 브랜드 광고 중심으로 프로필을 정리했다. 그리고 마지막으로 브랜드에 대한 전문 지식과 경력을 바탕으로 당신을 위해 확실한 브랜드 매니저로 뛸 것을 약속하는 메시지와 팀구성안을 첨가하였다.

결과가 어떠했겠는가? 1차 경쟁 통과. 우리는 8강에 들어섰다.

강력한 컨셉워드를 뽑아라

8강전은 전략서 대결이었다. 전략의 포인트는 자연과 과학의 결합이었다. 광고주 측은 자신들이 자연에서 추출한 천연 알로에를 원료로 사용한다는 점, 그런데 이 천연 알로에는 쉽게 변질되기 때문에 변질을 막고 천연의 상태를 오랫동안 유지할 수 있도록 하기 위해 엄청난 투자를 통한 과학력과 기술력의 결합으로 제품을 만들고 있다는 점을 소비자에게 알리고 싶어했다.

자연에서 얻은 것에 과학을 더하여 인간에게 이로운 것을 만들어 제공한다는 것인데, 이쯤 되면 도출되는 전략은 불을 보듯 뻔했다. 자연과 과학의 결합이라는 컨셉에서 자유로울 수 없을 것이기 때문이다. 지침이 정확할수록 의외로 그 틀을 뛰어넘지 못하는 평범한 전략으로 풀어지곤 하기 때문이다.

우리 팀도 마찬가지였다. '나를 닮은 자연', '자연에 정성을 담았다', '자연에 과학을 담았다' 등 '자연+과학'이라는 조합에서 조금도 벗어나지 못한 채 비슷한 전략들이 회의실의 화이트보드를 가득 채우고 있었다.

피티의 시작은 오티에 있다고 하지 않았던가. 2차 오리엔테이션 때 담당자는 회사의 상황과 뉴 브랜드에 대한 소개를 상세히 해줬는데, 정작 내가 인사이트를 얻은 것은 마케팅 총괄 책임자인 본부장의 마지막 인사말에서였다. 본부장은 "잘 부탁 드린다"는 의례적인 마무리로 인사말을 끝내면서 사족처럼 이런 말을 덧붙였다.

"우리 제품은 광고심의상 치유하는 약으로 말할 수는 없지만 우리는 사람들의 몸뿐만 아니라 마음까지도 치유되었으면 하는 선대 회장님의 철학을 토대로 변함없이 30년을 이어오고 있습니다."

2차 오리엔테이션을 끝내고 사무실로 돌아오는 차 안, 내 머릿속에서는 본부장의 마지막 첨언이 계속 되풀이되었다.

기획자라면 다들 그러하겠지만, 나 역시 세상과 사람에 대해 호기심이 아주 많다. 천성이 그런 것도 있지만 광고판에 살면서 대중들의 니즈needs를 파악하는 일을 업으로 삼다보니, 의식적으로 세상과 사람에 대해 '왜?'라는 질문을 수시로 던지는 훈련을 끊임없이 해왔다. 그래서 지금은 호기심을 가지고 질문을 던지는 사고의 과정이 의식적이 아니라 무의식적으로 작동되는 지경에 이른 것 같다.

게다가 오지랖 넓게도 나는 꽤 오래 전부터 상담을 해오고 있다. 주변 후배들과 지인부터 시작해서, 지인들이 소개해준 낯선 사람까지, 나는 그들의 문제를 들어주고 해결책을 제안하는 상담일을 오랫동안 해왔다. 이것 역시 사람에 대해, 그리고 문제에 대해 그냥 지나치지 못하고 관심과 호기심이 발동하면서 그것을 해결해주고 싶은 욕구가 일어나기 때문이다.

그 당시 내 호기심의 주제는 바로 '웰빙'과 '치유'였다. 웰빙 열풍을 보면서, 그리고 상담을 하면서, 결국 몸과 마음의 건강이 사람들의 욕구임을 더욱 절실히 깨달았다. 인도 여행을 다녀온 지인에게서 들은 바로는 인도에는 '힐링 센터'가 성행하고 있으며 아예 '힐링 타운'까지 있다는 것이었다. 그 말을 들으며 '이제 웰빙을 넘어 힐링으로 확장되는구나, 단순한 몸의 건강을 뛰어넘어 마음과 영혼의 건강을 추구하는 것은 인간의 본질적인 소망이니, 힐링은 웰빙을 뛰어넘는 이 시대의 트렌드가 되겠구나'라는 생각을 했었다.

그런데 오티를 마치고 돌아오는 차 안에서, "몸을 치유하고 나아가 마음도 치유되었으면 하는 선대 회장님의 철학을 토대로 그 정신을 이어오고 있다"는 마케팅 총괄 책임 본부장의 말과 당시 나의 관심사가 오버랩되었다. 사무실에 채 도착하기도 전에 차 안에서 나는 허겁지겁 노트를 꺼냈다. 그리고 노트에 '힐링healing'이라는 키워드를 적었다.

그런데 내가 '힐링'이라는 키워드를 제시하자, 직원들은 다들 웬 뜬금없이 어려운 '힐링'이냐는 반응들이었다. 광고주가 내준 숙제는

'자연과 과학의 조화'라는 컨셉을 섹시하게 풀어내달라는 것인데 완전히 다른 차원으로 뛰어넘어간 것 아니냐는 것이었다.

부사장이지만 나 역시 직원들을 설득해야 하고 광고주를 설득해야 한다. 결국 답은 킬링 포인트였다. 그것이 왜 킬링 포인트인지를 설득하기 위해서는 직원들의 마음을 열고 광고주의 마음을 열 또 다른 차원의 킬링 포인트를 찾아야 하기 때문이다.

대부분 과제에 집중하다보면 나무에 집착하는 경우가 많아진다. 이때 나의 역할은 그 나무들이 어떤 숲속에 위치하고 있는지, 숲에 대한 조망을 깨우치도록 하는 것이다. 숙제는 자연과 과학의 조화를 '해석'하는 것으로 보이지만, 때때로 소비자는 해석이 아니라 '해결'을 원한다. 즉 '무엇을 위한 것이냐'에 대한 설명이 아니라, 그것이 '내게 무엇을 줄 것인가'에 집중한다는 것이다.

흔히 쓰는 말은 아니지만 힐링이란 치유를 의미하는 말로서, 이미 미국에서는 차세대 키워드라고 학계에서 발표한 바 있다. 이것은 웰빙의 관점을 뛰어넘는 모든 인간의 행복추구 모티브가 될 것이라고 했다.

그리고 무엇보다도 우리 회사만의 차별화된 키워드를 만들어내려면, '자연에 과학'이라는 패러다임 안에 갇혀 있는 뻔한 단어들로는 승산이 없다. 최종 8개사의 전략 키워드들 역시 비슷비슷한 수준일 것이 뻔하다. 8강전이니 아직 제작물도 만들지 않은 상황에서 온전히 전략 키워드 싸움인데 남들과 차별화된 키워드가 아니라면 분명 광고주가 심정적으로 더 정이 가는 회사나 규모가 더 큰 회사에 밀릴 위험성이 높아진다. 우리 회사가 유일하고 독특한 회사로 눈에 띄어 가뿐하게 선택되려면 조금 위험해 보여도 확실하게 차별화가 되어야 한다. 그래야 최종 경쟁 때 사장을 비롯한 중역들에게 강한 인상을 바탕에 깔고 들어갈 수 있는 것이다.

나는 이러한 사항들을 차근히 직원들에게 설명했다. '웰빙'을 넘어서서 '힐링'을 주목하는 이 시대의 트렌드, '힐링'이라는 키워드가 이 회사의 철학을 효과적으로 대변해줄 수 있다는 점, 그리고 무엇보다 8강전에서는 우리만의 차별화된 컨셉워드로 승부해야 한다는 점 등등을 한 명씩 붙들고 계속 설득해나갔다.

적어도 4개 회사 안에 뽑히려면 '1, 2, 3등, 그리고 이상하지만 독특한 컨셉', 이렇게 뽑지 않겠나. 그러면 1등이 아니면 나는 독특한 애에라도 걸리고 싶다. '힐링'이라는 이 컨셉워드가 1등이 될 것이라고 나는 생각하지만 직원들이 불안해하니 '독특하니까 얘도 결승전에 넣어볼까'라는 것에 걸릴 것으로 가자는 것이 나의 요지였다. 직원들은 내키지 않아 하면서도 자신들이 차별화된 컨셉워드를 내놓지 못하는 상황이기에 나를 따라왔다. 그리고 나의 예상은 적중했다. 우리는 4강에 올랐다.

다른 방에서 놀아라, 문제가 풀린다

이번 프레젠테이션은 새로운 도약의 의미로 회사 이름을 남양알로에서 유니베라로 교체하면서 회사의 새 브랜드를 어떻게 소비자에게 인상적으로 런칭하느냐의 문제였다. 따라서 사실 제작물보다는 전략의 승부였다. 우리의 문제는 힐링이란 흔하지 않은 단어를 어떻게 소비자 언어로 교체시키는가에 있었다. 직원들은 4강에는 들었으나 단어가 어려우니 쉬운 우리말로 바꿔야 한다고 주장했다. 나는 그렇게 하라고 지시하고 시간을 주었다.

그러나 시간이 지나도 오히려 개념을 더 모호하게 만드는 단어들만 튀어나왔다. 힐링이라는 영어 개념을 쉬운 우리말로 고치려 하니 여전히 '건강'과 기껏해야 '치유'에서 맴도는 것이었다. 건강과 치유는 영어만큼이나 개념이 애매한 단어이다. 게다가 차별성은 더더욱 없어진다. 쉽게 풀어주려는 의도가 오히려 예리하게 가야 할 컨셉에 물을 타는 꼴이 되기 십상일 터였다.

나는 직원들에게 시간을 더 주고 자리로 돌아와 문제를 응시하기 시작했다. 문제를 풀기 위해서 내가 즐겨 사용하는 방법 중 하나는 다른 방에서 노는 것이다. 다른 방이란 생각이 다른 방이다. 다른 생각을 하기 위한 다른 터이다. 이것은 문제를 회피하는 게 아니라 시각을 돌리는 것이다.

제일 흔하게 가는 다른 방은 대형 서점이다. 그곳에는 인터넷 검색창을 통해서는 절대 볼 수 없는 압도적인 풍경이 있다. 알 거리가 총 망라된 그 뿌듯함이 나를 안정시킨다. 그래서 여유로워진다. 그 여유 속에서 손에 드는 책들마다 답이 들어 있다. 최근에 고민했던 문제나 잊고 있었던 오래전의 질문까지, 책을 열고 느긋하게 훑다보면 어떤 한 줄이 내 머릿속의 무엇과 연결되어 하나의 인사이트가 되는 것이다.

나는 절대 문제를 풀려고 서점에 가지 않는다. 대신 휴식을 하러 간다. 그런 마음으로 편안하게 이 책 저 책 훑어보는데, 특히 평소에는 전혀 관심을 갖지 않는 분야, 예를 들면 요리, 육아, 만화책 등의 코너에서부터 음반 코너를 거쳐 미치게 좋아하는 문구 코너들을 돌아다니며 서점여행을 한다. 그러다보면 평소에 관심을 가지고 머릿속에 넣어놓았던 것들이 책들과 스파크를 일으키면서 인사이트가 반짝거리는 것을 경험하게 된다.

또 다른 방은 수다이다. 주제를 정하지 않고 떠들었는데도 반짝하는 무언가를 주고받을 때가 있다. 그래서 나는 비즈니스나 목적이 있는 사람들과의 자리가 아닌, 마음을 나눌 수 있는 사람들의 모임을 매우 소중하게 생각한다.

직업의 성격상 피티를 요청받는 입장이기 때문에 언제 어떤 광고주가 피티 참여를 요청할지 모른다. 그렇기 때문에 마음은 늘 대기

상태인 것이 사실이다. 피티는 늘 진행 중이며 현재 파트너십을 유지하고 있는 광고주들도 챙겨야 한다. 어떤 때는 우스개소리로 죽고 싶어도 죽을 시간도 없다고들 말한다. 26년을 일해오면서 하루 평균 수면시간은 4시간이었다. 그래서 언젠가 일간지 인터뷰에서 '20년 넘게 4시간만 자온 밤귀신'이라는 다소 엽기적인 타이틀로 나를 소개하기도 했다.

잠을 줄이며 일하는 것을 옹호하거나 권장하려는 뜻이 아니다. 이렇게 바쁜 중에도 나는 수다 떠는 시간을 반드시 만들어낸다는 말을 하고 싶은 것이다. 그만큼 그 시간이 나에게 소중하기 때문이다. 수다의 소재와 범위는 광범위하다. 맛집 이야기를 하더라도 직접 가서 먹어보면서 요리 방법에서부터 요리를 소재로 한 인상 깊은 영화와 책 이야기에, 그 맛에 어울리는 사람 이야기까지, 한 가지 소재를 놓고 이야기는 한없이 확대되고 깊어진다.

그 시간을 내기 위해서 나는 조밀하게 스케줄링을 한다. 조밀한 스케줄링이란, 일주일 혹은 한 달 예상 스케줄을 체크하면서 어디쯤에서 한번쯤 쉬어주고 숨통을 트여줘야 할지를 예상해놓는 것이다. 그러고 나서 그 즈음에 어떻게든 시간을 내서 구겨진 가슴을, 혹 곰팡이 슨 마음에 거풍을 시켜준다. 짧게는 소래포구의 어시장 쏘다니기에서 느닷없는 후쿠오카 포장마차행까지, 그리고 몇날 며칠 렌터카로 포르투갈 전역을 붕붕거리며 다니는 호사까지 휴식의 타이밍을 놓치지 않는 것, 이것이야말로 내 스케줄링의 절대 원칙이다.

내가 자주 들러서 노는 또 다른 방은 영상과 음악이다. 이 경우 광고 영상은 되도록 보지 않는다. 내가 늘상 보아오던 영상과는 다른 볼거리를 찾는 것인데, 주로 뮤지컬, 영화, 애니메이션을 본다. 개인적으로 가장 선호하는 것은 무용 공연을 보는 것이다. 몸을 통한 언어는 말이나 글이 함께 하는 어떠한 장르보다 더 많은 상상을 하게 만들고 더 구체적인 메시지 전달과 감흥을 주기 때문이다. 그러나 시간이 허락하지 않을 때 주로 보는 것은 뮤직 비디오이다.

그때에도 그랬다. 4강전에 들었지만, 직원들은 여전히 '힐링'이라는 나의 키워드에 강한 반발을 가지고 있었다. 그런데 힐링을 쉬운 우리말로 풀자고 하면서 정작 차별화된 컨셉워드는 뽑아내지 못하고 있었다.

나는 직원들에게 다른 컨셉워드를 좀더 생각해보라고 시간을 준 뒤 내 방으로 돌아와 뮤직 비디오를 쭉 훑고 있었다. 목소리만큼이나 몽환적인 무대를 만드는 사라 브라이트만의 뮤직 비디오를 찾고 있던 중이었는데, 문득 마이클 잭슨의 오래된 DVD가 잡혔다. '오랜만이군' 하면서 별 기대 없이 틀어놓고 방 안을 이리저리 어슬렁거리고 있는데, 아이들의 하모니가 아름다운 그 노래를 듣게 되었다.

마이클 잭슨의 'Heal the world'

'힐링'은 어려웠는데 '힐 더 월드'란 노래 제목은 쉽게 다가왔다. 힐링의 목적지가 어디인지가 분명하게 보이기 때문이었다. 그래, 바로 이거다!

“세상을 건강하게, 힐 더 월드”

그 키워드는 이렇게 만나게 된 것이다. 그냥 치유가 아니라 선대 회장님이 바라던 ‘온 인류가 건강해지는 날까지 우리가 존재한다’는 창업정신이야말로 바로 ‘힐 더 월드’가 아니고 무엇이랴. 게다가 그 회사에 새로 부임해온 CEO가 미국 생활을 오래한 미국 유학파인데다 연배도 나와 비슷해서 분명 마이클 잭슨의 이 노래가 친숙할 터였다. ‘힐링’에 반감을 보이던 직원들도 누구나 알고 있는 뮤직 비디오의 타이틀인 ‘힐 더 월드’를 제시하자 얼굴이 환해졌다. 이제는 그것을 어떻게 행복한 비주얼로 만들까만을 고민하면 되었다.

최종 피티날, 모두가 어렵다했던 키워드 ‘힐링’은 ‘힐 더 월드’라는 컨셉워드로 풀어내고 회장님의 창업철학을 거론하며 설명하자 모두들 고개를 끄덕였다. 우리가 이겼다. 우리가 50대 1의 산을 넘었다. 나는 처음부터 이기는 카드 한 장을 가슴에 품고 시작했고, 그것은 결국 현실의 승리로 나타났다. 문제 속으로 걸어 들어가는 것, 남과 확실히 차별화된 컨셉워드를 뽑는 것, 거기에 킬링 포인트가 있으며 거기에 이기는 답이 있다.

Killing Point Checking!

죽여주는 컨셉워드를 뽑았는가?

1 전략은 하나의 컨셉워드로 표현되어야 한다.

2 제품 설명과 컨셉워드는 다르다. 예컨대, '국내 최초 최소형 휴대폰'이라는 문구는 컨셉워드가 아니다. 그것은 단지 일차적인 세일즈 포인트USP를 설명하는 말일 뿐이다. 타깃이 여성인 것을 고려해서 이것을 '여자 사이즈'라는 단어로 치환하고, 거기에 '핸드백이 복잡해지는 나이'라는 카피를 덧붙여, '핸드백이 복잡해지는 나이, 여자 사이즈 ○○휴대폰'이라고 정리한다면, '여자 사이즈' 이것이 바로 컨셉워드이다. 제품의 세일즈 포인트를 타깃에 맞게 하나의 단어로 정리한 것, 이것이 바로 컨셉워드이다. 이 경우는 '국내 최초 최소형 휴대폰'이라는 제품의 특징을, 직장인 여성 타깃에게 맞춰, 화장품과 소품이 많아지는 나이가 될수록 핸드백이 점차 복잡해지는 그들의 일상을 풀어내면서 최소형 휴대폰을 어필하는 전략을 사용한 것이다.

3 컨셉워드는 되도록 이미지가 쉽게 연상되는 것이면 좋다. 따라서 컨셉워드를 뽑기 위해서, 먼저 머릿속에서 그림으로 생각한다. 타깃의 일상을 머릿속에서 영화처럼 그려보는 것이다. 이렇게 그림을 그리다보면, 컨셉워드가 하나의 단어로 정리되면서 동시에 나름의 스토리를 가지게 된다.

4 컨셉워드는 친숙할수록 더 잘 기억된다. 영화 제목에서 패러디를 해보는 것도 하나의 방법이다. 국민 패스 카드의 경우, 대중교통을 이용하는 사람이 하나의 카드를 이용해서 지하철을 탔다가, 버스를 탔다가, 비행기도 타는 장면을 머릿속에서 쭉 그려보던 중, 책장을 훑다가 '지상에서 영원으로'라는 영화 제목이 눈에 들어왔다. "지하에서 지상까지!" 국민 패스 카드의 슬로건은 이렇게 탄생했다.

5 남다른 촉수를 세우는 것이 중요하다. 평소에 늘 촉수를 세우고 살면, 그 촉수가 문제 속에 숨어 있는 답의 기운을 캐치하고 어떤 방향에 집중해야 할지 당신을 인도할 것이다. 남다른 촉수란 남다른 열정에 다름 아니다. 호기심을 가지고 늘 깨어 있으라!

본질을 정확히 담아내는 기획을 하라

외국계 생명보험회사의 광고를 맡았을 때의 일이다. 국내에 처음 진입하는 회사라서 일단 브랜드 인지도를 높이는 것이 시급했다. 그래서 핵심타깃인 30, 40대에게 브랜드를 알리는 방향으로 전략을 짜고 있었다. 그런데 광고주로부터 전갈이 왔다. 미국 본사의 지침을 전하는 과정에서 앞으로 그들의 마케팅 타깃은 월 19,900원 내는 사람들이 아닌 특급 VIP이니까 텔레비전 아이디어도 럭셔리하게 만들라고 했다는 것이다.

마케팅 타깃은 본사와의 협의에 의해 이미 정해진 방침이니 바꿀 수 없다고 생각한 우리는 갑자기 튀어나온 '럭셔리'라는 단어에 당황하기 시작했다. 그리고 마치 마술에 걸린 듯, 처음의 방향성을 잊고 'VIP'에 집중하기 시작했다. 도대체 VIP는 어떤 생각을 갖고, 어떻게 사는지 알지 못했다. 그래서 소위 럭셔리 컨셉의 잡지들을 뒤지고 온갖 럭셔리 주제의 영화들을 청소기처럼 빨아들여 회의실에 쏟아 놓았다.

그렇게 최종적으로 우리가 내놓은 전략은 유토피아 전략이었다. VIP에게 마음의 안심이 되고 편안한 브랜드가 되어주겠다는 전략이었다. 당연히 모든 것이 VIP 타깃으로 구성되었다. 예컨대 자동차가 등장해도 리무진으로 설정하는 식이었다.

브리핑 날, 우리는 미국 본사와 전화 회의를 하기 위해 밤 12시에 광고주 측 회의실에 모였다. 사전에 이미 광고주 실무팀과 의견 조율이 있었으므로 오늘밤 별다른 논쟁 없이 잘 끝나리라 다들 예상하고 있었다. 그러나 결과는 참혹했다. 본사 부사장은 우리의 브리핑을 다 들은 후, 한국 시장에 초기 진입하는 브랜드인데 어째서 VIP 생활만 있고 브랜드는 없느냐고 반문했다. 그리고 온화한 목소리로 덧붙였다. "다른 회사의 아이디어를 받고 싶은데요?"

브랜드 런칭이라는 본질을 망각하고 다른 데서 헤맨 우리는 중요한 프로젝트를 눈 뜨고 놓쳐버린 것이다.

앞장에서 킬링 포인트는 차별화된 강력한 컨셉워드로 정리된다고 말했다. 그러나 '차별화'에 대해서 많은 기획자들이 오해를 하고 있다. 차별화란 무조건 낯설고 기상천외한 것을 뜻하는 것이 아니다. '본질'이 빠진 채 튀는 것만이 목적인 차별화는 힘이 없다. 기획자는 기획의 처음부터 마지막 순간까지 늘 본질을 놓치고 있지 않은지 끊임없이 체크해야 한다.

소비자 조사, 행간을 읽어야 본질이 보인다

광고회사들도 참여하기를 꺼리는 프로젝트가 있는데, 미로 속에 빠진 브랜드를 맡는 경우가 그렇다. 정확히 말하자면 어떤 것도 결정하지 못한 채 캠페인이 오랫동안 유보된 상태에 있는 광고주의 경우라고 해야겠다. 7개월째 광고캠페인을 진행하지 못하고 있던 광고주가 기존 광고회사의 안을 채택하지 않고 경쟁 프레젠테이션을 선언했다. 국제전화 002였다.

소문이 무성했다. 광고주가 악성이라는 둥, 기존 광고회사가 맘에 안 들어서 자르려고 그런다는 둥… 아직 계약기간이 남았는데 경쟁 피티를 붙이면 으레 여러 소문들이 들려오기 마련이다. 그러나 이런 부정적인 소문들은 아무것도 아니었다. 진짜 고민이 되는 것은 기존의 광고회사가 새로운 캠페인을 7개월 동안이나 제안하고 설득했는데도 통과되지 않았다는 사실이었다. 이런 경우 대개 두 가지 이유에서다. 첫째, 브랜드가 가야 할 길을 실무진이 모르거나 둘째, 최고 결정자의 마음을 읽지 못하는 경우이다.

참여 요청을 받은 각 광고회사는 서로의 프레젠테이션 참여 여부를 확인하며 눈치 보기에 바빴다. 그럴 수밖에 없는 것이, 기존 광고회사가 있는 상황에서 괜히 잘못 끼어들었다가 광고주 측의 결정이 나지 않으면, 프레젠테이션에 들인 경비며 시간에 대한 책임을 져야 할 위험이 도사리고 있기 때문이다. 상황이 이러하다보니 처음부터 포기하고 빠져나가는 광고회사들도 생겼다.

어떤 것이 현명한 선택일까? 여기에서 포기하는 것도 리스크를 만들지 않는 좋은 선택일 수 있다. 그러나 정확한 이유도 모른 채 지레 겁먹고 빠져 나갈 순 없다. 의외로 문제는 우리가 생각하지 못한 간단한 것으로 풀릴 수도 있는 것 아닌가. 게다가 나는 문제를 좋아한다. 아니 문제 풀기를 좋아한다. 직원들 모두가 의혹의 눈초리로 나를 바라보았지만 나는 눈을 동그랗게 뜨며 직원들에게 말했다.

"왜? 한번 해보자. 재미있잖아!"

"그렇게 재미있으면 부사장님 혼자 하세요!"

"그래? 아쉬운데… 이 피티 이기면 열흘짜리 휴가를 주려고 했는데 말야."

프로젝트는 시작되었다. 기획팀의 전략 방향은, 국제전화는 품질과 가격의 싸움이라는 것이었다. 소비자 조사를 해보니, 국제전화의 선택 요소는 통화품질이 좋으냐와 가격이 싸냐의 문제라는 것이다. 기획팀의 전략 브리핑을 듣고 난 후, 나는 다른 방향으로 취재를 해보라고 말했다. 소비자 조사 데이터를 볼 때는 숫자가 아닌 조사의 행간을 읽어야 하는데, 기획팀에서 무언가 중대한 것을 보지 못하고 있었던 것이다.

이는 소비자 조사를 많이 해본 경험에서 나온 것이다. 나 자신도 누군가 나에게 설문조사를 한다면 설문지에 표기하는 답과 실제 사용 행태가 다른 경우가 종종 있다. 자신도 모르게 보기에 그럴 듯한 이상적인 답에 체크를 하게 되는 경향이 있는 것이다. 그렇기에 설문조사를 할 때 행간을 읽는 것이 매우 중요한데, 특별히 오픈문항주관식으로 답을 요구하는 문항의 답을 눈여겨보는 것이 도움이 된다.

이번 설문조사지를 살펴보니, 국제전화를 사용할 때 무엇이 중요하다고 생각하느냐는 질문에 가격과 통화품질에 많은 사람들이 표시를 하였으나, 최근 사용한 국제전화 번호가 무엇이었고 사용 이유가 무엇이었냐는 질문에는 공란으로 되어 있거나 '그냥'이라는 답이 눈에 많이 띄었다. 바로 이것이다. 이성적으로 생각하기에는 가격과 통화품질을 비교해서 국제전화를 건다고 생각하지만, 실생활에서는 그런 것을 따지지 않는 것이다. 그들의 답변처럼 '그냥, 생각나는 대로' 국제전화를 사용하는 것이다. 특히나 요즘 젊은 층은 인터넷으로 전화를 걸거나 자신의 휴대폰으로 국제전화를 건다. 따라서 '통화품질'이나 '가격 인하'와는 다른, 이런 점들을 아우르면서도 새로운 다른 개념으로 가야 했다.

게다가 가격이 싸다, 통화품질이 좋다는 논리는 이미 타 통신회사에서 모두들 떠들고 있는 논리였기에, '더' 가격이 싸다든가 혹은

'더' 통화품질이 좋다는 식의 미투Me too 전략으로는 002 브랜드를 각인시킬 수 없었다.

일단 국제전화 사용 실태에 대한 소비자 조사와 002 브랜드에 대한 소비자 인식을 함께 조사했다. 이전 002 광고 중 김하늘의 생중계편이 있었다. 김하늘이 누군가를 미행하면서 휴대폰으로 생중계를 해주는 상황을 보여주면서, 줄기차게 통화할 수 있을 만큼 002는 통화품질도 좋고 가격도 저렴하다는 메시지를 설득하려고 했던 것이다.

그러나 그 광고를 조사했더니, 모델과 내용은 어렴풋이 기억이 난다는 반응들인데 정작 그 번호가 002인지 혹은 다른 번호인지 기억이 나질 않는다는 응답이 돌아왔다. 전략 자체가 차별성이 없었으니 소비자들 뇌리에 브랜드가 남지 않았던 것이다.

여러 스타일의 사람 그림을 보여주면서 002를 사람으로 치면 어떤 사람일 것 같으냐는 질문에 대부분이 배불뚝이 중년남성을 선택한 것을 보아도, 이전 광고가 브랜드 이미지 쇄신에도 별다른 영향을 미치지 못했음이 드러났다.

본래 국제전화 시장은 001이 부동의 1위, 002가 그 뒤를 바짝 따르고 있는 상황이었으나, 다섯 자리 숫자의 국제전화 브랜드가 저가 공략을 퍼부으면서 시장의 판도가 바뀌고 있었다. 도전자는 차범근 가족을 위시하여 프로모션을 진행하면서 엄청난 모델비와 막대한 광고비를 쏟아 붓고 있는 상황이었고, 기존의 경쟁사는 탑모델과 고릴라 모델로 독특한 아이덴티티를 구축하고 있었으며 광고비에서도 002와는 10배가 넘는 차이를 보이고 있었다. 002는 갑자기 마케팅 비용을 늘리지 못하니 도전자와의 맞대응도 힘겨운 상황이었고, 경쟁사와도 돈으로는 게임이 안 되는 실정이었다. 그렇다고 가만히 있을 수만은 없는 노릇이고, 제한된 마케팅 비용으로 002를 강력하게 인지시킬 뾰족한 답이 보이질 않아서 7개월 동안이나 결정을 내리지 못하고 있었던 것이다.

'때로는 악조건이 호조건이 된다.'

어려운 상황에 놓일 때마다 내 마음을 다잡아 일으켜 세운 나의 슬로건이다. 이번에도 보여주리라. 이 의지에 진심으로 열정을 다하면 결국은 하늘도 내 편이 되어주었다. 그리고 이번에도 예외는 아니었다.

그 프로젝트는 우리가 이겼고, 이후로 제작한 텔레비전 CF 광고는 광고 물량이 많지 않음에도 그 광고를 한 번 본 사람들은 잊지 않고 기억해줬다. 더 의미 있는 것은 광고주의 인정이었으며, 그것은 신중하고 또 신중한 그 광고주와 진정한 파트너십을 갖는 계기가 되었다.

숫자의 이면을 읽어내는 상상력을 발휘하라

그렇다면 이기는 해법은 무엇이었을까? 결론부터 말하자면 '만두소 챙기기'이다. 'back to the basic', 즉 '본질부터 다시 확인하자'는 것이다. 그동안 알맹이 없는 주소 불명의 광고를 하지 않았나 생각해보자는 것이다. 본질을 놓치고 다른 경쟁자들과 결국은 같은 말을 더 목청껏 외치는 데에만 열중한 것은 아닌지 돌아보자는 것이었다.

조사 자료에 의하면 국제전화에 대한 소비자 욕구는 '가격'과 '품질'이라고 설명되었다. 그러나 막상 전화기를 들면 '그냥 생각나는 브랜드', '늘상 습관적으로 거는 브랜드를 선택한다'는 것이 솔직한 모습들이었다. 그러니까 시험문제에는 '품질'과 '가격'이라고 모범생처럼 답했지만 막상 사용할 때는 '그냥 퍼뜩 떠오르는' 번호를 선택하게 되는 것이었다. 게다가 국제전화 중에서 가장 싸다는 내용의 가격 프로모션 광고를 하도 해대서 '다 거기서 거기'라는 가격둔감성도 발견되었다. 그렇다면 결국 국제전화를 걸려는 순간, '바로 그 때 떠오르는 브랜드'를 만들어야 한다.

예전에는 제품의 USP, 즉 그 제품의 기능적 특징이나 특장점이 세일즈 포인트였다. 그래서 광고 역시 제품의 USP를 강조하는 방향으로 전략을 짰다. 그러나 지금은 소비자 마인드를 파악하는 것이 가장 중요한 세일즈 포인트이다. 소비자가 느끼기에 뭔가 통하고 끌리는 점이 있어야 한다. '어, 저거 멋있는데?', '어, 저거 재미있는데?'와 같이, 브랜드와 소비자 사이에 통하는 코드가 있어야 한다는 것이다.

우리는 기존의 002 이미지에서 탈피하여 젊은 층을 새로운 타깃으로 잡았다. 그리고 002를 국제전화를 걸기 위해 수화기를 들었을 때 '딱' 떠오르는 브랜드로 만들기 위해 '이야기가 있는 002'를 만들었다. 가격이나 품질 같은 기능성USP은 더 이상 경쟁구도가 되지 않는다. 그래서 공감되는 스토리 전략을 택한 것이다.

브랜드에 대한 충성도 없이 자주 브랜드를 바꾸는이것을 브랜드 스위치가 강하다고 말한다 젊은 층의 국제전화 사용 실태를 조사해보니, 전화하자마자 "비싸니까 빨리 끊어라"를 외치는 보수적인 집단과 달리 그들은 국제전화도 국내 친구에게 하듯이 사용하는 것으로 나타났다. 좀더 물어보니, 해외연수 간 친구에게 전화로 삼겹살 굽는 소리도 들려주고, 해외에 있는 남친에게 애교 섞인 목소리로 모닝콜도 해준다는 등 재미있는 에피소드들이 쏟아져 나왔다. 우리는 우리의 새로운 타깃인 젊은 층이 국제전화를 사용하는 다양한 상황들로 이야기를 구성하였다. 스토리만큼 매력적인 기억장치도 없기 때문이다.

그러나 이렇게만 하면 그것은 아무 브랜드나 다 끼워넣어도 되는 족보 없는 자식이 된다. 그래서 생각한 것이 모델 전략이었다. 그러나 타 통신사에 묶여 있는 탑모델들을 데려올 수도 없거니와 광고주

또한 그만한 모델료를 지불할 용의가 없었다. 내가 생각한 모델 전략은 바로 숫자 2였다.

처음 이 말을 꺼냈을 때에는 직원들의 원성이 자자했다. 대리전화 광고도 아니고 어떻게 번호만 연호하느냐는 것이었다. 그러나 나의 전략은 번호만 연호하는 것이 아니었다. 광고를 보면 2번이 생각나게 하자는 것, 그래서 어떤 모델이 출현한다 해도 그 광고의 모델은 002로 기억되게 한다는 것이었다. 이것은 본질 찾기에 몰두해서 내린 결론이었다.

현재 002의 상황은 국제전화 시장에서 열세에 몰리고 있다. 경쟁사들은 탑모델을 위시한 엄청난 물량 공세와 저가 비용 공략을 펼치고 있는 형세이다. 이것이 바로 시장 상황이었다. 우리가 일반적으로 전략을 짤 때, 시장 분석에서 출발한다. 그러나 시장 상황에서 킬링 포인트를 찾으려 한다면 오히려 상황 자체나 문제 자체에 매몰될 위험이 있다. 국제전화 시장 상황이 현재 이렇다고 해서 002도 탑모델을 기용하거나 가격을 인하해야 하는 것일까? 그것은 전략이 아니다. 시장 분석은 소비자의 니즈를 파악하기 위한 기초자료로 활용할 때만이 의미가 있다. 이 말은 시장 분석 데이터를 통해 본질에 관한 질문을 해야 한다는 것이다.

'왜 002를 소비자들이 찾지 않는가?'

'국제전화를 사용하는 소비자들의 니즈는 무엇인가?'

'그렇다면 002를 찾게 하려면 소비자들에게 어떤 점을 어필해야 하는가?'

소비자들에게 '그냥 퍼뜩 떠오르는 번호'로 002를 앉히기 위해서는 다름 아닌 '002' 그것 자체가 주체가 되어야 한다. 적어도 경쟁사와 10분의 1도 안 되는 마케팅 비용으로 싸우려면 말이다. 그래서 나는 숫자 2를 모델로 하는 전략을 세운 것이다.

나는 직원들에게 '2' 혹은 '이'로 연상되는 노래를 찾아보라고 했다. 다음 회의 시간에 많은 재미있는 노래들이 나왔는데, 그중 개사가 가장 쉬운 '어떤 이의 꿈'을 선택했다 "어떤 이는…"으로 시작되는 노래인데, 그것을 이렇게 바꿨다. "어떤 이는 사랑이 그리워서 걸고 어떤 이는 꿈을 이루려고 거네~" 가사는 우리가 만든 상황에 잘 어울렸다. 가령 남자친구와 자주 왔던 노천카페에 앉아 그에게 국제전화를 거는 여자의 모습에서 시작하여, 해외에 있는 친구에게 국제전화를 걸고 있는 남자 두 명의 모습을 황혼을 배경으로 하여 실루엣으로 처리한 장면까지, 국제전화와 관련된 스토리가 있는 스틸 컷을 노래 가사와 매치하여 편집하였다.

그러나 여기까지만 생각하면 노래 가사와 화면 상의 '~하는 이'는 모델이 될 수 없다. 아무리 '~하는 이'가 광고하려는 브랜드인 002의 숫자 2를 중의적으로 표현한 것이라 해도, 오디오노래로만 외치면 안 된다. 반드시 브랜드 002의 숫자 2를 볼 수 있도록 비주얼 표시가 되어야 한다. 그래야 효과가 증폭되기 때문이다. 그래서 각각의 스틸 컷이 넘어갈 때마다 여백에 숫자 2를 빨간 로고 컬러를 사용하여 커다랗게 배치하고, 음악의 흐름을 타면서 숫자 2가 움직이도록 그래픽을 만들었다. 그래서 '어떤 이는…'이라고 노래가 나갈 때에 소비자들이 '어떤 2는…'으로 인식하게 하면서 궁극적으로 국제전화 002 브랜드의 강력한 인식 장치가 되도록 한 것이다.

본질, 경쟁자와 구별되는 나만의 정체성

본질이란 이런 것이다. 그것을 잃어버리면 어떠한 미장센으로도 아름다워지지 않는다. 아무리 기교를 부리고 화려하게 포장하더라도 본질이 빠져 있다면 소비자는 설득되지 않거나 오히려 경쟁사 좋은 일만 시킬 수 있다. 남 따라하다가 좋은 일만 시키는 것, 이것을 미투 전략이라고 한다. 한겨울 밤, 떡장수 소리가 멀리서부터 들려온다. "찹싸알~떠억, 메밀무욱~" 그러면 뒤따라오는 초짜가 뒤를 이어 소리를 보탠다. "저두~요." 미투 전략이 바로 이런 꼴이다.

의외로 기획 아이디어들 중에 이런 미투 전략이 많다. 물론 큰 브랜드의 후광효과를 보려는 목적으로 의도적으로 그러는 경우도 있기는 하다. 1등 브랜드 곁에 있으면 적어도 내가 팔려고 하는 제품 카테고리는 인식되니까 말이다. 그러나 미투 전략은 강력한 선도 브랜드가 아니면 대부분 정보나 이미지가 혼재되어 브랜드를 정확히

인지하지 못하게 된다. 그래서 광고만 머릿속에 남고 정작 제품은 기억나지 않는 사태가 발생하는 것이다.

자기 목소리를 낸다는 것은 그만큼 어려운 일이다. 그렇기 때문에 본질을 보는 것이 매우 중요하다. 본질이란 시간이 흘러도 변하지 않는 정체성을 의미하기 때문이다. 그래서 브랜드의 정체성, 즉 아이덴티티는 브랜드가 지켜야 할 각종 규칙을 담은 브랜드 매뉴얼을 만들어 그 기준을 따르는 것이 좋다. 광고 아이디어를 만들 때에는 최종 컨셉 브리프를 항상 끼고 있어야 한다. 그러나 지나치게 그 기준을 의식하면서 아이디어를 구상하는 것은 오히려 틀에 구속될 수도 있다.

그러므로 아이디어는 자유롭게 구상하되, 기획안이 완성될 때마다 최종 컨셉 브리프의 기준에 맞는지, 만두소를 제대로 챙기고 있는지 스스로 점검하면서 다음 단계로 넘어가는 것이 필요하다. 본질을 잊는다는 것은 나침반을 잃고 항해하는 것과 같기 때문이다.

Killing Point Checking!

소비자의 숨어 있는 마음을 파악하였는가?

1 소비자 조사는 숫자조사가 아니라 마음조사이다. 소비자 스스로도 잘 모르는 숨겨진 마음을 체크하려면 설문지의 설계부터 달라야 한다. 그 브랜드만의 설문지를 만든다는 생각으로 성실한 애정을 쏟아야 한다.

2 혼란한 데이터 속에서 길을 잃었을 때에는 본질부터 다시 보라. 많은 조사 대상자들이 나의 의견이 아닌, 대부분이 그럴듯하다고 여길 만한 상식적인 항목에 체크를 한다. 그러나 정작 응답자가 구매한 제품은 그들의 답변과 맞지 않다. 이처럼 고려대상과 실제 구매대상이 다를 때에는 마케팅 상황을 고려한 재해석이 필요하다.

3 소비자의 본심을 알았으면 그 본질만을 붙잡아야 한다. 여러 가지 데이터와 자료분석을 통해 소비자의 본심을 읽었다면, 그 본질에서 한 치도 벗어나선 안 된다. 국제전화 사용시 고려요인은 품질과 요금이라는 항목이 높게 나왔다 해도, 실제 사용시 '그냥, 아무거나, 떠오르는 대로'였다면 앞의 답변은 허수일 가능성이 높다. 이성적으로 선택할 것 같지만 그냥 감성이 땅기는 대로 선택한다는 것이다. 그렇다면 그 땅기는 감성을 만들어줘야 한다. 전화 거는 그 순간 떠오르는 브랜드가 되도록 감성을 연결해주는 것이 킬링 포인트이다.

소통의 킬링 포인트를 맞추면 클라이언트가 내 편이 된다

아이디어도 본질을 놓치면 강력한 설득 효과를 낼 수 없으며, 기획 역시 본질을 놓치면 크리에이티브할 수는 있지만 많이 팔 수는 없다. 사람에 대해서도 본질을 놓치면 결코 내 편으로 끌어올 수 없다. 기획은 일방적인 설득이 아니다. 기획은 나의 아이디어에 클라이언트와 소비자가 '공감'하게 만드는 것이다. 한마디로 기획은 커뮤니케이션이다. 커뮤니케이션communication은 말 그대로 함께com 동의할 수 있는 포인트를 찾는 것이다.

나의 관점을 내려놓고 편견 없이 들여다보라

상대와 공감대를 형성하여 나의 공간으로 끌어오도록 설득하는 것, 그 시작은 무엇일까? 상대방이 공감할 만한 포인트가 무엇인지 아는 것이 그 시작이다. 그렇다면 공감의 킬링 포인트를 보기 위해서는 무엇이 필요할까? 그 사람의 중심, 즉 그 사람의 본질을 보는 것이 중요하다.

그런데 우리는 겉으로 드러나는 반응만을 보고 그 사람을 판단하는 경우가 많다. 설득의 기본은 설득할 대상을 잘 파악하는 것이다. 이 말은 정말 기본 중의 기본이다. 그러나 이 기본을 잊어버리는 모습을 주변에서 흔하게 보게 된다. 같이 일하는 스태프들도 광고주가 자신의 아이디어에 자꾸 퇴짜를 놓을 경우, 그들이 크리에이티브한 사람들이 아니라는 둥 말귀를 못 알아듣는다는 둥 고집만 피워서 답답하다는 둥 상대에 대한 온갖 불만이 터져나온다.

그러나 가장 큰 문제는 바로 '나는 옳고 상대는 틀렸다'는 바로 그 관점이다. 이런 관점이야말로 상대방과 상황을 자기중심적으로 해석하는 것이기 때문이다. 설득해야 할 대상이 누구이며, 그들이 원하는 해결책은 무엇인지, 그리고 그들이 잘 알아들을 수 있는 표현 방법이 무엇인지를 고민하는 것이 아니라, '왜 내 아이디어를 알아듣지 못하는 걸까?'라는 원망과 불평이 가득하게 되면 이미 우리의 눈은 반쯤은 가려져 있다고 보면 틀림없다. 그리고 그런 눈으로는 결코 상대의 마음을 들여다볼 수 없다.

상대를 설득하고 싶다면 내 관점을 내려놓고 상대를 긍정적으로 들여다볼 필요가 있다. '편견 없이, 긍정적으로' 들여다보는 것이 매우 중요하다. 그가 내 기획안에 대해서 그런 반응을 보인 진짜 이유를 알기 위해서는 그 사람의 중심을 들여다봐야 한다. 그때 비로소 그의 마음을 열 비밀의 문, 바로 킬링 포인트가 보이기 시작할 것이다.

고집불통 클라이언트도 공략점은 있다

광고회사의 경우 경쟁 프레젠테이션은 대개 단 한 번의 피티에서 1등을 하느냐 못 하느냐로 판가름이 난다. 하지만 현재 계약관계를 맺고 있는 기존 광고주에게 새로운 캠페인을 제안할 때에는 광고주의 오케이를 받을 때까지인 경우가 많다. 그래서 기존 광고주의 새 캠페인은 때로는 경쟁 프레젠테이션 때보다 일을 완수하기가 더 어려울 수도 있다. 광고주의 마음을 제대로 파악하지 못하고 헤매기 시작하면 말이다.

애경산업의 경우가 그랬다. 신규 화장품이었는데, 경쟁 프레젠테이션은 성공적으로 마쳐 우리가 광고를 따냈고 1차 캠페인도 잘 진행이 되었다. 그런데 2차 캠페인의 진도가 나가지 않았다. 아무리 아이디어를 열심히 짜서 들고 가도 피드백은 늘 '다시'였다. 한두 번도 아니고 번번이 퇴짜를 맞으니, 제작팀원들은 광고주를 제대로 설득하지 못한 AE가 무능하다고 탓을 했다. 그런데 AE의 항변인즉,

광고주가 너무 괴팍하다는 것이다. 광고주 측 마케팅 최고 책임자가 오른팔이 의수인데 성질까지 고약하다며 그를 '문제광고주 1번 외팔이'라고 불렀다.

다섯 번가량 퇴박을 당하자 회사 내에서도 특단의 조치가 필요했다. 팀을 교체하는 것이다. 기획은 물론 제작팀까지 모든 스태프들을 통째로 교체했다. 물론 교체가 완벽한 해결책은 아니지만, 속이 부글부글 끓어오를 광고주에게 잠시 환기창을 달아주는 역할 정도는 되기에 특약처럼 쓰는 방법 중의 하나이다.

그래서 내가 들어가게 되었다. 정확히 말하자면 이미 기획팀이 두 번이나 교체된 후였다. 세 번째 대응팀. 이쯤 되면 마지막 솔루션이다. 당시 나는 차장 시절이라, 이전 기획팀의 책임자가 국장이라는 점을 감안하면 회사의 결정은 부족한 응대일 수도 있었다. 그러나 사장은 나를 불러 이렇게 말했다.

"문제가 없는 곳은 없지요. 요는 문제가 무엇인지도 모르는 게 지금 문제예요. 유 차장은 여성이라 섬세하고 상황 파악을 잘 하니까 문제점만이라도 잘 알아올 수 있을 거라고 믿어요."

"여자요?"

나는 아직 젊은 여직원에게 성의를 다해 말씀하시는 사장님의 정성은 무시한 채 목소리를 꺾어 물었다. 제작 카피라이터인 주제에 기획팀이 주재하는 전략회의 때마다 나서서 이리저리 꼬집어대니까 맛 좀 봐라 하고 떠미는 것이라 생각했다. 그러나 그렇다 한들 뭐가 문제랴. 나는 나의 신조를 마음속으로 되뇌고 있었다.

'문제를 풀려면 문제의 방으로 들어가라. 그 방에 답이 있다. 잘못 찾겠다고? 천만에. 슬쩍 훑고 지나가면 안 된다. 또렷이 살펴보면 구석에 다락방으로 통하는 작은 문을 발견할 때도 있을 것이다.'

마케팅의 수장, 소위 외팔이와의 미팅 시간은 정해졌다. 나는 그간 그를 만나온 AE들을 통해 그의 캐릭터를 분석했다. 그리고 광고주 내의 지인을 통해 그에 대한 사내 평판도 귀담아들었다. '악성이다', '골 때린다', '자기 주장이 강하고 남과 타협할 줄 모른다', '깐깐하고 성깔 있다' 등 하나같이 부정적인 평가 일색이었다.

그런데 내 생각은 달랐다. 이렇게 철저하고 집요한 사람은 대체로 자기 자신에 대한 자신감이 있는 사람이다. 그 사람이라고 해서 주변 사람들의 이런 평가를 전혀 모르지는 않을 것이다. 그럼에도 자신의 주장을 당당하게 펼치는 사람이라면 분명 자기 자신을 소중히 여기는 사람일 거라는 생각이 들었다. 그가 외팔이가 된 사연도 듣게 되었는데, 군대시절 소대장이었을 때 부하가 잘못 던진 수류탄을 되받아 던지다가 오른팔을 잃게 되었던 것이었다. 마음이 의롭고 따뜻한 사람일 거라는 생각이 들었다.

또 하나 중요한 단서는 AE들의 불평에서 찾을 수 있었다. AE들 말이, 기획안을 들고 찾아가면 매일 하는 말이 브랜드 논리, 마케팅 논리를 들먹이며 "그 책은 읽어봤나?", "트렌드가 뭐라고 생각하나?" 라고 물어본다는 것이다. 그는 공부하고 고민하면서 프로페셔널을 지향하는 사람이라는 생각이 들었다. 그렇다면 나 역시 열심히 공부하고 치열하게 고민하는 사람임을 어필해야 한다. 그것이 그와의 첫 번째 소통, 신뢰 쌓기가 될 것이기 때문이다.

현재 담당 브랜드가 여성용 화장품인데, 여자에 대해 그리고 화장품에 대해 남자인 그보다는 내가 더 잘 알지 않겠는가. 나는 여성 심리에 관한 공부를 한 후, 그와 미팅을 가졌다. 그리고 이야기를 나누던 도중, "여자의 마음은 그게 아니거든요"라며 슬쩍 찌르듯이 문제제기를 했다. 여자는 서비스가 불편하더라도 그 자리에서 바로 불평을 쏟아놓지 않는다, 조용히 나가서 주변 사람들에게 크게 떠들어 그 매장을 아예 가지 않도록 만든다, 따라서 여자의 입을 막는 것이 중요하다는 이야기를 쭉 설명하였다. 그랬더니 그는 "근거 있는 얘기인가요?"라며 논리적인 답을 요구했다. 나는 입소문 마케팅의 설득력을 설명하면서, 미리 공부한 여성 소비자의 심리분석에 대해 거듭 강조하였다. 그랬더니 그는 "유 차장, 앞으로 나와 자주 얘기 좀 해야겠군" 하며 자리에서 일어섰다. 그 이후 나는 마케팅이나 트렌드와 관련된 기사나 자료가 있으면 그것을 스크랩했다가 그에게 전해주기도 했는데, 그는 나의 그런 태도를 좋아했다.

나는 제작물은 예전의 것을 재구성하는 수준에서 정리했지만, 기획서만은 완벽하게 뜯어 고쳤다. 그러나 엄격히 말하자면 그것은 이전과 완전히 다른 새로운 전략을 짠 것이 아니라, 단지 관점을 이동시킨 것이었다.

문제는 아이디어가 아니라 그것을 설득하는 논리가 허약했던 것이다. 설득의 방식도 마케팅 총괄 책임자인 그가 좋아하는 방식이 아니었다. 한마디로 코드가 맞지 않았다고나 할까.

그는 조사 데이터와 성공사례에 기댄 것을 좋아하지 않았다. 오히려 그러한 것들을 뛰어넘는 인사이트 찾기를 즐겼다. 인사이트란 객관적으로 설득하기는 힘들지만, 서로 교감이 되면 상대에게 견고한 믿음을 갖게 한다. 예를 들면 '여자는 작은 것에 감동한다'라는 말을 놓고도, '여자는 디테일에 약하다'고 바꿔서 표현했더니 그는 무릎을 치며 "맞아, 맞아"를 연발하며 좋아했다. '여자는 작은 것에 감동한다'는 식상한 표현이다. 하지만 마케팅 논리를 바탕으로 해서 '디테일'이라는 세부적인 관점으로 이동하여 표현하니 그의 공감을 이끌어낼 수 있었던 것이다. 흔히 남자들은 여자의 마음을 얻기 위해 큰 선물하려 애쓰지 말고 장미꽃 한송이가 더 힘이 있다고 말한다. 그러나 이는 천만의 말씀! 예쁜 가방을 선물하면서 꽃 한송이를 추가하면 모를까. 디테일이란 꽃 한송이를 선물하더라도 아이디어가 있는 것, 예를 들면 마음을 표현한 카드를 꽂아준다든지, 전달하는 방식이 재미있다든지 하는 것을 말한다.

나는 주니어 시절부터 많은 프레젠테이션을 경험하면서 같은 결과의 제작물을 놓고도 설득 논리에 따라 팔리는 것과 팔리지 않는 것이 있다는 것을 너무나 잘 알고 있다.

그래서 새롭게 구성한 기획서는, 타깃인 여성 소비자의 심리를 하나하나 세세히 분석한 후, 그 분석을 바탕으로 어떻게 기획 인사이트를 찾아냈는지의 과정을 중심으로 재정리하였다.

브리핑은 성공적으로 끝났다. 그는 내게 악수를 청했고, 그렇게 그와 손잡은 인연은 십수년이 지난 오늘까지 이어져오고 있다.

클라이언트의 눈높이를 맞추고 있는가?

그러면 킬링 포인트는 무엇이었을까? 상대를 잘 파악하는 일, 이것이 그날의 킬링 포인트 찾기의 기초였다.

내가 사전에 파악한 그는 마케팅 이론의 박사였다. 그리고 늘 꾸준히 공부하는 사람이었으며, 수시로 직원들에게도 새로운 이론을 전파하고 토론하는 것을 즐겨한다고 했다. 그런데 우리 회사의 스태프들은 전형적인 논리로 제작물 아이디어만을 설득하려 했던 것이다. 상대가 어떤 사람인지, 어떤 것을 원하는지에 대한 연구가 전혀 이루어지지 않았던 것이다. 한마디로, 우리 회사의 스태프들은 그와 코드가 맞지 않았던 것이다. 여기서 코드란 단지 캐릭터나 논조만을 말하는 것이 아니다. 우리 스태프들은 새로운 것을 찾아내고 늘 연구하는 그를 긍정적으로 관찰하지도 않았을 뿐만 아니라 그와 실력으로도 견주지 못하고 끌려갔던 것이다.

우리는 소비자를 설득하기에 앞서 먼저 광고주를 설득해야 한다. 일차 타깃은 광고주인 그다. 그렇다면 그가 어떤 사람인지, 어떤 화법으로 말해야 더 설득적일지를 감지해야 한다. 그것도 여러 번 클레임을 받아 기획안을 다시 작성하는 상황이라면 더욱더 신중하게 이 점을 고려했어야 한다.

결론은 그의 눈높이로 설득해야 한다는 것이다. 이것은 누구나 다 아는 상식인 것 같아도 많은 사람들이 이 점을 놓치고 실수를 한다. 광고회사의 기획국 국장이면 최소 20년 경력자들인데 그들도 실수하는 것을 보았다. 그러니 이것은 단순히 경력으로만 해결되는 것은 아닌 것 같다. 이것은 사람과의 소통에 있어서도 킬링 포인트가 있다는 것을 깨닫는 사람에게서만 가능한 것인지도 모른다.

그리고 한 가지 더. 나는 그가 외팔이가 된 사연을 우리의 전략을 소개하는 근거와 연결지어 설명하면서, 그동안 그가 이겨낸 수고와 열정을 과하지 않게 격려하였다.

당시 나는 소비자에게 브랜드 로열티, 즉 충성도를 높이기 위해 러브마크를 심어줘야 한다는 이론에 매료되어 있었다. 결국 브랜드도 하나의 살아 있는 생명체처럼 사랑을 나눠야만 커지는 것이라는 사실을 이해해가던 때였다.

브리핑을 마치고 나는 말미에 케빈 로버츠Kevin Roberts가 말한 러브마크 이론에 대해 이야기했다. 소비자에게 브랜드의 이름과 역사가 중요시되었던 트레이드 마크를 지나, FDA 승인이나 ISO 인증처럼 대외적인 인정이 중시되는 트러스트 마크 시대를 넘어, 이제 소비자에게 얼마나 사랑받느냐 하는 사랑치케빈 로버츠는 이것을 러브마크라 했다가 브랜드 파워의 중요한 척도가 된다는 것을 언급하면서, 우리 브랜드를 소비자가 제일 사랑하는 브랜드로 만들자고 했다. 그리고 이렇게 마침표를 찍었다.

"우리 브랜드의 수장이신 분이 사고로 좌절했던 과거를 극복하고 오늘날 존경받는 인물이 된 것도 결국 자기애의 승리라고 생각합니다. 우리는 사랑의 힘을 알고 스스로 실천한 수장과 함께 하니 이번 브랜드 런칭도 사랑받는 브랜드로 성공할 수밖에 없을 것입니다."

사랑이라는 추상적 단어를 컨셉워드로 사용했지만, 결국은 브랜드와 소비자 간의 감동을 만들어야 한다는 것이기도 했다. 그는 그것을 알아차렸다.

이전 기획팀들의 실수는 무엇이었을까? 그들이 준비한 아이디어의 전략이 틀렸거나 크리에이티브의 질이 떨어지는 것은 아니었다. 다만 그들은 아이디어를 설득할 때 광고주 수장의 머릿속에 있는 방식대로 이해시키지 못했던 것이다. 가령 '요즘 트렌드가 따뜻한 정서로 푸는 것이니 이 제품은 이렇게 부부가 나와서 따뜻하게 대화를 나누면서…' 하는 식이었으니, 마케팅 이론의 고수인 그에게 설득의 과정이 너무 허약했던 것이다. 토론을 즐기고 역발상 아이디어를 좋아하는 그에게 논리의 배경을 설득하지 않고 트렌드만 따라가는 것처럼 보였으니, 그에게는 우리 회사의 기획자들이 아무 생각 없는 사람들처럼 보였을 것이다.

내가 한 브리핑은 일종의 워크샵 형태였다. 전략을 설득하는 데 있어서도 한쪽에서만 일방적으로 발표하는 것이 아니라 쌍방이 합의해 나가는 오픈 브리핑이었다. 이것은 시간은 좀 걸리지만 결과를 위한 블록 쌓기를 같이 하게 되므로 결론에 도달했을 때 긍정성이 높아진다. 그리고 이후 제작물을 받아들이는 것에 저항 요소가 줄어들고, 아이디어에 함께 했다는 생각에 제작물에도 애착을 더 갖게 된다.

최고 책임자의 개인적 사례를 들추는 것은 모험적이긴 했지만 크게 걱정하지는 않았다. 큰 아픔을 넘어선 사람에게는 그만큼의 포용이 자란다는 것을 나는 이미 알고 겪었기 때문이다. 그는 큰 사람이었다.

클라이언트를 애인처럼 사랑하라

그렇다면 상대를 잘 파악하려면 어떻게 해야 할까?

애정과 집중, 그리고 관찰능력이 있어야 한다. 이 세 가지는 각각이면서 동시에 하나로 연결되어 있다. 예컨대 애정이 있어야 집중을 하게 되고, 집중이 되어야 관찰을 통해 보이는 것이 생기기 때문이다.

첫째, 상대에 대해 좋은 감정을 가져야 한다. 관심이 생기면 상대에게 집중을 안 하려야 안 할 수가 없다. 그러니 연인이든 광고주든 상사든지 간에, 설득하고자 하는 상대에게 애정을 가져야만 상대를 잘 파악할 수가 있다. 설사 경쟁상대라 해도 애정을 나누는 연인처럼 집중하면 보이는 것이 있다.

그런데 관심을 가지려면 상대에게 집중할 꺼리가 있어야 하는데, 기획자도 사람인지라 상대가 마음에 들지 않을 수가 있다. 이럴 경우 상대의 특별한 점 혹은 흥미로운 점으로 시선을 돌려보자. 자신의 취향과는 무관한, 말 그대로 흥미로운 점을 찾아보는 것이다. 그것은 내가 좋아하진 않지만 나와 다른 무엇이라도 좋다. 그런 흥미로운 점에 집중하면서 그를 관찰하면 분명 여태껏 안 보였던 무언가가 보일 것이다.

둘째, 상대에게 집중해야 한다. 집중한다는 것은 상대에게 관심을 멈추지 않는다는 것이다. 사랑하는 상대와 하루종일 휴대폰을 붙잡고 있으면서도 잠시 틈만 생기면 '그는 지금 뭘 할까?' 하고 궁금해지는 것처럼 말이다. 그래서 마침내 그의 일상을 꿰뚫고 있어야만 안심이 된다. 생전 주식 한 장 안 사던 친구가 어느 날 주식 매입을 시작하더니 컴퓨터 앞에만 앉으면 시황 들여다보기 바쁘다. 그런 것이다. 관심을 가지면 그런 모습이 되어야 정상이다. 하물며 경쟁에서 이겨야 하거나 상대를 공략해야 하는 목적이 분명하다면 상대에 대한 집중은 당연한 태도일 것이다.

셋째, 상대를 관찰해야 한다. 관찰도 방법이 있다. 무턱대고 바라보고 있기만 하면 안 된다. 호기심을 가지고 꼬리에 꼬리를 무는 '생각 잇기'를 해야 한다. 예를 들면 저 사람은 왜 늘 간단하게 설명하라고 재촉할까? 성질이 급해서? 복잡한 얘기를 싫어해서? 아니면 쓸데없는 말을 할 때 반응하는 그만의 표현일까? 이런 생각들이 꼬리에 꼬리를 물며 이어가다보면 다른 요소와 맞물려 답이 보이게 된다.

브리핑 때마다 "간단하게 하라"는 말을 노래처럼 되풀이하는 CEO가 있었다. 대부분의 CEO들이 그렇긴 해도 그는 유독 심했다. 내 딴에는 설명은 해야겠고 최대한 핵심만 정리해서 전달한다고 해도 그에게서 나오는 말이 늘 "간단하게 하라"이니, 답답한 노릇이었다. 왜 자꾸 간단하게 하라는 것일까? 고민과 관찰이 시작되었다. 그러다가 한 가지 사실을 알게 되었다. 어느 날 마침 그 CEO와 함께 정부부처에 들어갈 일이 있었는데 대기시간이 길어져 이런저런 얘기를 나누며 주변을 산책하게 되었다. 평소와는 다르게 느긋해진 그에게서 뜻밖에 어린 시절로부터 시작된 개인사를 듣게 되었다. "내가 이런 얘길 왜 하지?"라고 쑥스러워하면서도, 그는 엄한 아버지 밑에서 늘 훈시만 듣고 정작 본인의 의사는 한마디도 표현하지 못한 채 성장한 자신의 이야기를 들려주었다. 그래서 누군가 길게 말을 늘어놓을 것 같은 태세를 느끼면 거부감이 드는 것이었다. 그것이 아랫사람의 보고라 할지라도 말이다.

그 이후에 나는 그에게 브리핑을 하지 않았다. 아니 정확히 표현하면 브리핑을 더 적극적으로 했다는 것이 맞을 것이다. 이른바 영상 브리핑을 한 것이다. 마치 뉴스를 보듯이 말하고자 하는 내용을 비주얼 자료로 화면에 담고 성우의 목소리나 가끔은 내 목소리로 녹음하여 틀어주기만 하였다. 비주얼과 함께 보니까 지루하지 않고 전체적인 브리핑 시간도 짧아진다. 비주얼 편집비와 녹음 비용이 들긴 했지만 수백억 예산을 쓰는 광고주인데 그 정도 투자는 해야 한다고 생각했다. 덕분에 그 광고주와 지속적인 관계를 가질 수 있었다. 술 접대, 골프 접대 없이도 서로를 존중하는 관계를 만들 수 있었던 잊지 못할 사례다.

그럼에도 매번 나와 다른 사람을 파악하기란 정말 어려운 일이다. 가장 중요한 것은 가장 흔하게 쓰는 말이지만 그럼에도 역시나 '사랑'이다. 진정 존중하는 마음으로 상대를, 사물을, 심지어는 제품을 바라보면 진정 '길'이 보인다. 사랑은 논리를 뛰어넘고, 이제까지 보지 못했던 것을 보여주기 때문이다

Killing Point Checking!

클라이언트의 겉반응이 아닌 속마음을 들여다보고 있는가?

1 커뮤니케이션의 킬링 포인트가 있음을 늘 염두에 두자.

2 같은 말이라도 상대에 따라 설득의 어법이 달라져야 한다.

3 상대에 맞는 눈높이를 파악하라. 상대가 학구파인가? 논리형인가? 감성형인가? 유머러스하고 재치 있는 걸 좋아하는가?

4 애정을 가지고 관찰하라. 상대의 반응에 따라 일희일비하지 말고 상대를 부정적으로 규정짓지 말라.

5 상대의 특이한 점이나 흥미로운 점, 나와 정말 다른 점에 대해 호기심을 가지고 열린 마음으로 관찰해보라. 분명 다른 것이 보일 것이다. 중요한 것은 마음을 비우고 순수하게 바라보는 것이다!

끝까지 들여다보는 통찰력으로 승부하라

한 에이전트가 유명 가수와 출연교섭을 하게 되었다.

"뉴욕에서 열리는 콘서트에 당신을 초대하고 싶습니다. 엘비스 프레슬리와 한 무대에 설 수 있습니다."

그 유명 가수는 전화기 저쪽에서 이렇게 요구했다.

"한 가지 조건만 들어준다면 그렇게 하지요. 나는 늘 엘비스와 경쟁 관계에 있었는데, 한 번도 그를 이긴 적이 없습니다. 이번에는 한 번 그를 눌러보고 싶습니다. 엘비스가 받는 돈보다 무조건 1달러를 더 받고 싶소. 이 요청을 거절하면 콘서트에 나가지 않을 테요."

그러자 에이전트 직원이 대답했다.

"그건 문제없습니다."

콘서트가 끝나고 한 달 뒤, 그 유명 가수는 자신의 계좌를 확인해보았다. 그런데 달랑 1달러가 들어와 있는 것이 아닌가. 그는 당장 에이전트 직원에게 전화를 걸어서 거칠게 물었다.

"아니, 이게 어찌된 일이요?!"

직원의 대답은 이러했다.

"엘비스보다 출연료를 1달러 더 받고 싶다는 당신의 요청대로 했을 뿐입니다. 엘비스는 자선 모금을 위해 한 푼도 받지 않고 그 콘서트에 참여했거든요."

—《성공학 사전》 중에서

경쟁자와 동일한 메시지를 외치고 있지는 않은가?

기획을 한다는 것은 기존 제품과의 경쟁이 아닌 것이 없다. 그래서 광고주들은 경쟁사의 브랜드 전략에 촉각을 세울 수밖에 없고, 자연히 비교우위의 캠페인을 요구하게 된다. 하지만 이처럼 특별히 예민한 경쟁 프레젠테이션에 참여할 때일수록 나는 직원들에게 반대를 요구한다.

"경쟁하지 말고 창조하라."

앞의 가수의 사례처럼 허망한 꼴을 당하지 않으려면 말이다.

사실 기획자의 일이라는 게 늘 '경쟁' 속에 놓여 있다보니 '비교'의 함정에 빠지기가 매우 쉽다. 상대가 나를 선택하도록 해야 하는 문제 속에서 사는 사람들이 바로 기획자들이다. 그러다보니 항상 비교 대상이 있기 마련이다. 그것은 경쟁상대일 수도 있고, 벤치마킹 대상일 수도 있고, 업계 1위의 무엇일 수도 있다. 그런데 문제는 그것과의 경쟁 구도로만 모든 것을 해석하게 되면, 정작 중요한 본질을 놓치고 비교를 위한 비교를 하는 함정에 빠지게 된다는 것이다.

이렇게 비교의 함정에 빠지면, 우리는 저 회사보다 '더' 친절하다, 혹은 우리 제품은 상대 제품보다 '더' 기술력이 뛰어나다는 식의 '상대보다 더'를 외치게 되기 쉽다. 하지만 설득해야 할 진짜 상대는 내가 비교하고 있는 그 경쟁상대가 아니다. 우리가 설득해야 할 대상은 바로 고객과 시장이다. 그런데 경쟁과 비교의 논리에 빠지다보면 어느 순간 가장 중요한 고객과 시장은 뇌리 속에서 하얗게 사라져버리고 만다.

정말 월등히 뛰어나지 않는 한, 그래도 나는 재보다 코가 조금 더 높다, 그래도 나는 재보다 순발력이 조금 더 빠르다라며 아무리 '더'를 외쳐봤자 그것은 '나'라는 존재를 확실히 부각시킬 강력한 포인트로 다가오지 않는다. 이런 식의 논리를 듣고 있자면, '내가 보기엔 재나 너나…'라는 심정이거나 최악의 경우는 오히려 내가 비교대상으로 짚은 그 사람에게 더 관심이 갈 수도 있다. 재 코가 어떻게 생겼더라, 이런 심리로 말이다.

스토리로 소비자의 마음을 두드려라

이른 봄의 가뭄처럼, 경쟁 프레젠테이션 소식이 잠잠해지고 광고 업계가 봄방학에 들어간 듯한 때가 있다. 그때 어떤 건설회사에서 경쟁 프레젠테이션 참여 의사를 묻는 전화가 왔다. 당연히 반가운 전갈이어야 하는데, 그런데 주춤해졌다. 광고 예산이 너무 적었다.

7억쯤이라니… 70억은 되어야 회사 측이나 직원들의 전의를 끌어낼 수 있는데…. 하지만 나는 오너와 직원들을 설득해 참여하기로 결심했다. 반기지 않는 프레젠테이션을 할 때는 나에게도 평소보다 더한 책임의 무게가 온다. 그러나 그럼에도 불구하고 이번 경쟁 프레젠테이션을 하고 싶었다. 아니 꼭 해야만 할 것 같았다.

이유는 한 가지, 이번 프레젠테이션의 주제가 '한때는 잘 나가던 해외건설 부문 일등기업의 10년 법정관리 탈출기'에 있다는 것 때문이었다. 그 건설회사는 그동안의 설움을 딛고 다시 일등기업으로서의 자긍심을 되찾고자 기업 PR 캠페인을 진행하려고 경쟁 프레젠테이션을 요청한 것이었다.

오리엔테이션에서 주어진 내용은 '해외 고급 건축 시공 1위'이다. 이것은 사실 비교의 싸움이 아니라 감정 우위를 차지하는 싸움이다. 업체 입장에서는 '1등'이라는 사실이 매우 중요하게 생각될지 모르나, 소비자 입장에서는 그다지 차별성 있는 요소가 아니다. 경쟁사와 그다지 변별력이 없는 사실에 얼마나 목소리를 높이느냐가 아니라, 소비자가 특별하게 인지할 수 있도록 그 브랜드만의 이야기를 어떻게 감성으로 포장해서 느끼게 해주느냐가 중요한 과제인 것이다.

건설회사치고 어느 부문인가에서 일등이 아닌 기업은 없다. 국내 건설규모 일등, 건설 기술력 일등, 소비자가 뽑은 일등, 해외수주 능력 일등, 해외고급건축물 일등 등 일등도 여러 가지이다. 하지만 결국 소비자에게는 단지 저마다 "내가 일등!"이라는 동일한 메시지를 한목소리로 소리 높여 외치는 꼴밖에는 되지 않는다.

자, 이 건설회사는 10년 법정관리를 이제 막 탈출했다. 그리고 그간 잊혀졌던 해외 고급 건설 부문 일등기업의 이미지를 되찾고자 소비자들에게 새롭고 강력하게 각인되고 싶어한다. 무슨 말을 해야 할까? 일등이었던 우리가 다시 돌아왔다고 외쳐야 하나? 하지만 일등 아닌 건설회사가 몇이나 있으랴. 남과 똑같은 목소리는 변별력도 없거니와 오히려 나의 매력를 떨어뜨리는 역 도미노 현상을 불러올 수도 있다.

따라서 이런 경우야말로 당의정이 필요하다. 쓴 약이 몸에 좋다지만 쓴 약은 역시 쓰다. 그래서 당의정이 필요한 것이다. 쓰지 않게 무사히 목을 타고 잘 넘어가도록 말이다. 캠페인도 마찬가지다. 같은 메시지라도 다른 목소리를 내는 방법이 필요하다. 그렇다면 이건 단순한 '포장'의 문제가 아니냐는 반문이 들 수 있다. 속 알맹이는 별반 다를 것 없는데 겉 포장만 그럴 듯하게 하는, 일종의 '사기' 아니냐는 비판도 할 수 있다.

하지만 당의정은 결코 얕은 수가 아니다. 그것은 소비자들이 갖고 있는 장벽, 즉 거부감을 없애주는 것이다. '다 똑같은 얘기 아냐? 모든 기업들이 다 일등이라고 떠들던데 뭐가 다르겠어?' 하는 신뢰의 장벽 말이다. 이 장벽을 뛰어넘어 소비자로 하여금 우리의 이야기를 듣게 하려면 똑같은 일등도 '다른 방식'으로 말해야 할 필요가 있는 것이다.

우리는 성장해오면서 일등을 수없이 보았다. 하지만 그 수많은 일등의 대다수는 기억조차 희미하다. 그러나 그중에도 특별히 기억나는 일등이 있으니, 그냥 일등이 아니라 공부 일등이면서 농구도 일등이라든지, 꼭 일등까지는 아니었어도 공부도 잘하면서 농구할 때 슛을 멋지게 날리는 녀석이었다면, 그 작은 사실 하나만으로도 다른 공부 일등과는 확연히 차별화된 이미지로 남게 된다. 그런 친구는 공부만 잘하는 뻔한 일등이 아니라, 동년배이지만 살짝 동경심마저 드는 친구로 기억될 수 있다.

그런 것이다. 스토리가 있는 일등은 기억이 난다. 세상에 수많은 왕들이 있지만 '지혜의 왕' 하면 아이의 친모가 누구인지 밝혀낸 재판 이야기로 유명한 솔로몬 왕이 떠오르듯이, '스토리'를 담고 있는 설득은 이토록 강력한 효과를 발휘한다.

이러한 '스토리 전략'으로 경쟁 프레젠테이션 준비에 들어갔다.

그 건설회사는 지난 30여 년간 해외에서 신화적인 실적을 올린 스토리가 있다. 수상이 친필 서한을 보내왔었고 연설 중에 한국인 특히 그 건설회사 기업인들에게 배우라는 말을 남긴 적도 있었다. 진실보다 더 무서운 것이 신화라고 했던가? 그곳에서 이룬 신화를 신뢰의 바탕으로 하여 이제 우리 국민에게 더 큰 것을 약속하는 스토리로 전략을 짰다.

그리고 제작물은 기업 이미지인 만큼, 그동안 잘 알려지지 않았던 수많은 해외수주 건축물들의 스토리로 풀어냈다. 딱딱한 전달식 광고가 아니라 '세계가 놀란 신화를 만든 기업'이라는 것을 '대한민국의 자부심'으로 풀어, 자부심을 소비자와 함께 공유하게끔 한 것이다. 이것이 자만하지 않고 나서지 않으면서도 소비자와 함께 공유하는 일등 스토리 전략이었다.

이러한 전략으로 제작물까지 확실하게 마무리를 하고 나니, 기업에 대해 깊은 애정이 생겼다. 정말 좋은 기업이고 우리나라가 자랑할 만한 기업이란 생각이 드니, 법정관리에서는 벗어났지만 아직 긴축경영을 하고 있을 그들을 위해 내가 이번 피티를 통해 할 수 있는 좋은 선물이 없을까 하는 생각이 들었다. 그래서 나는 그 밤을 또 새워 1분짜리 슬라이드 사진을 편집했다. 그 회사가 지난 10년의 법정관리라는 긴 터널을 뚫고 나와 옛 명성을 되찾는다는 스틸 컷의 연속모음이었다. 이번 프레젠테이션은 7억 예산의 신문광고라서 동영상 제작물은 아예 과제에 없었다. 하지만 나는 오너와 중역들까지 참석하는 그 자리에서 오늘을 이룬 그들의 노고에 박수를 쳐주고 용기를 북돋워주고 싶었다.

사진들은 그 회사 홈페이지에서 해결했고, 골라 놓은 사진들을 PPT 슬라이드 형식으로 편집했다. 7억 예산 프레젠테이션에 많은 진행비를 쓰면 안 되겠기에 편집은 외부 편집실에 맡기지 않고 회사 내부에서 처리했다. 바네사 메이가 연주하는 신나는 캐논변주곡을 배경음악으로 깔고, 성우 대신에 내레이션은 내가 직접 했다.

성공하는 기획자는 브랜드의 감정을 읽는다

나는 기업도 브랜드도 생물이라고 생각한다. 그래서 종종 사람과 동격으로 그 기업과 브랜드의 감정을 들여다보곤 한다. 내가 감히 기업의 생리와 오너를 비롯한 임직원의 마음을 읽어낼 수가 있을까만, 그럼에도 그 브랜드를 사람처럼 여기면서 들여다보면 브랜드 안에 담긴 감정이 읽혀진다. 이렇게 감정이 읽혀지게 되면 지금과는 또 다른 '더' 깊은 것이 보인다. 그리고 그것이 바로 킬링 포인트가 된다. 그래서 나는 늘 잔소리처럼 직원들에게 묻곤 한다. 더 관찰해보라고, 더 찾아보라고, 끝까지 들여다보라고. 다 마쳤다고 말할 때마다, 늘 묻는다. 여기까지가 정말 끝인가? 최선에는 끝이 없다.

그 회사의 경우, 지난 10여 년 동안 직원들이 우리사주를 통해 열심에 열심을 다해 오늘에 이른 것이다. 뼈아픈 반성도 있었을 테고 설움에 눈물을 감추기도 했을 것이다. 그리고 이제 어엿한 일등 기업의 위상을 되찾았으니 얼마나 기쁘겠는가. 그 마음을 자화자찬 할 수는 없지만 누군가 알아준다면 공감의 기쁨을 나눌 수 있어 그들은 잠시라도 행복할 것이다. 다시 말해, 이 1분짜리 슬라이드는 제작물로서가 아니라 프레젠테이션 제일 말미에 느낌표처럼 찍는, 우리 회사의 차별화된 이미지를 심어주기 위한 정성이자 그들에게 순수하게 건네는 나의 작은 선물이었다.

프레젠테이션은 준비한 대로 잘 진행되었고, 마지막에 1분짜리 슬라이드도 보여주었다. 그런데 상상을 초월한 결과가 나왔다. 우리가 이겼음은 물론이다. 그런데 그냥 합격된 것이 아니었다. 우리의 스토리 있는 일등 전략이 설득되었음은 물론, 마지막에 보여준 슬라이드에 감동한 CEO가 텔레비전 광고를 제작하기로 결심한 것이다. 광고 예산은 7억에서 80억으로 급상승했다.

우리 회사는 축제 분위기가 되었다. 프레젠테이션이 뜸해져서 약간은 눅눅해져 있던 감정이 화창해졌음은 물론이다. 그리고 그 프레젠테이션 이후로, 나는 '더 관찰하기, 더 찾아보기, 끝까지 들여다보기'를 직원들에게 더 이상 강조하지 않아도 되었다.

끝을 보겠다는 각오로 달려들면 남이 보지 못한 것을 발견한다

그렇다면 어떻게, 어떤 마음으로 '더 관찰하고, 더 찾아보고, 끝까지 들여다볼' 수 있을까? 우선 여기에서 집중할 단어는 '더'이다. '한 치만 더', '한 걸음만 더', '한 시간만 더'의 '의지훈련'이 필요하다. 이것은 거의 습관처럼 의식을 점령하고 있어야 한다.

운동을 처음 시작했을 때 나는 서점에 가서 운동과 관련된 제일 두꺼운 책을 샀다. 인체 구조와 기술에 대한 내용이 전문용어로 나열되어 있어서 읽기에 불편하긴 했지만, 적어도 원리를 이해하는 데에 도움이 되었다. 숨이 차고 땀이 난다고 운동 효과가 나는 것이 아니었다. 땀이 나고 힘이 들고 그래서 숨이 턱에 차면서 헉헉거리게 되는, 바로 그때에 '조금 더' 높은 강도로 피치를 올려야만 비로소 운동 효과가 나타난다고 한다. 따라서 적당한 선까지만 하고 거기에서 멈춘다면 그것은 운동을 하나마나한 셈이 되는 것이다.

우리의 신체 구조가 그렇듯이, 정신의 구조도 마찬가지이다. 멈추고 싶은 바로 그 순간에 피치를 올리는 '조금 더'에서 그 효과가 생기기 시작한다. 매는 3천 미터 상공에서도 풀숲에 숨어 있는 들쥐를 볼 수 있다고 한다. 이런 매의 눈처럼 날카롭고 거시적인 관찰력을 키우고 싶다면, '더하기 훈련'을 평소에 꾸준히 할 것을 추천한다.

먼저 구체적인 관찰 대상을 정한다. 그리고 거기에서 '하나만 더'를 추가하는 방식이 바로 '더하기 훈련'이다. 관찰 대상은 사물이든 사람이든 혹은 어떤 현상이든 어떤 특정 시간대의 풍경이든 무엇이든 상관없다. 예를 들어, 매일 세 사람을 주의 깊게 관찰하겠다는 목표를 세웠다고 하자. 그렇다면 세 사람에서 멈추지 않고 한 사람만 '더' 관찰해보는 것이다. 혹은 세 사람에 대해 각각 10가지 항목을 관찰한다면, 거기에 한 가지 항목을 '더'해보는 것도 좋다. 이런 식으로 넷, 다섯, 여섯, 일곱… 관찰의 대상을 넓혀가는 것이다. 이렇게 더하기 훈련을 꾸준히 하다보면 어느 순간 관찰의 촉수가 날카로워져 있는 자신을 발견하게 될 것이다.

두 번째로 중요한 것은 '관점 바꾸기'이다. 이쯤에서 멈추고 싶을 때 다음과 같은 질문을 던져보라.

'만약 내가 설득해야 할 상대방이라면 어떤 생각이 들까?'

'만일 이 일을 주문한 클라이언트라면 이 과제에 대해 어떤 생각을 했을까?'

상대의 관점에서 다시 생각해보는 것이다. 일을 주문한 쪽에서는 과연 만족할 수 있을까, 혹은 소비자 입장에서는 과연 만족할 수 있을까를 스스로에게 묻는다면, 아마 부족한 부분이 보일 것이다. 대체로 사용자 쪽에 서면 늘 만족도가 떨어지는 편이기 때문이다.

이것은 특히 화가 났을 때 분노를 극복하기 위한 훈련으로 좋다.

무조건 상대를 이해하라는 것이 아니라 상대가 어떤 이유에서 그랬을까를 입장 바꿔 생각해보는 것이다. 그러면 의외로 내가 빌미를 제공했거나 나의 고정관념 때문인 경우가 많다.

결국 끝이란 이 세상에 존재하지 않을 것이다. 하지만 끝을 보겠다는 각오를 가지고 달려드는 태도는 매우 중요하다. 그런 태도를 가진 기획자는 남이 보지 못한 것을 발견한다. 그리고 그것이야말로 설득을 위한 킬링 포인트이다.

Killing Point Checking!

관점을 바꿔 한 발 더 나아가고 있는가?

1 **'우리 제품이 저 제품보다는 더'라는 식의 비교 싸움에서 벗어나라.**

2 **다른 관점에서 질문을 던지라.** '새로운 카테고리를 도출해서 시장 판도를 새롭게 재편할 수 없나?' '같은 내용이라도 소비자에게 어필할 새로운 전략은 무엇인가?'

3 **여기가 최선이라고 생각하는 지점에서 한 발 '더' 나아가라.** 더하기 훈련을 꾸준히 한다면, 당신의 한계치는 어느 순간 올라가 있을 것이다.

4 **관점을 바꾸어서 생각해보라.** 소비자의 관점에서, 클라이언트의 관점에서 생각하면 부족한 곳이 보일 것이다.

킬링 포인트Killing Point는 러빙 포인트Loving Point다

상대가 나에게로 넘어오는 시작점, 상대의 마음이 열리는 지점, 설득의 첫 열쇠, 그것이 바로 킬링 포인트이다. 그리고 킬링 포인트를 찾았느냐가 승패를 결정짓는다. 그렇다면 킬링 포인트를 찾기 위한 원칙은 무엇인가?

첫째, 감성 포인트를 찾아라.

둘째, 고속도로형인지 골목길형인지 감성의 유형을 판단하라.

셋째, 우선순위를 결정하라. 중요한 포인트들 중 가장 핵심적인 포인트가 바로 킬링 포인트이다.

넷째, 출제자에게서 킬링 포인트의 실마리를 찾아라. 출제자 스스로는 알지 못하지만 문제 해결의 실마리를 그가 쥐고 있는 경우가 많다.

다섯째, 이렇게 찾아낸 킬링 포인트는 강력한 컨셉워드로 정리해야 한다.

여섯째, 무조건 신선하다고 해서 킬링 포인트인 것은 아니다. '본질'이 빠진 채 튀는 것만이 목적인 차별화는 힘이 없다. 만두소가 알찬지 체크하라.

일곱째, 설득해야 할 상대에게 편견이나 선입견을 가지고 있지는 않은가? 상대를 순수한 눈과 진실된 마음으로 바라보라. 그래야 정확한 설득 코드가 보인다.

여덟째, '더' 관찰하라. '끝까지' 가보라. 할 수 있다고 생각한 한계치보다 한 발 더 나아가보라. 당신의 한계는 존재하지 않다는 것을 알게 될 것이다.

결국 킬링 포인트는 끊임없이 깨어 있어야만 볼 수 있다. 그리고 이것을 위한 가장 기본이 되는 것이 바로 '사랑'이다. 다시 말해, 킬링 포인트는 자신을 사랑하고 세상을 사랑하는 러빙 포인트인 것이다.

사랑의 눈으로 볼 때 킬링 포인트가 보인다

내가 좋아하는 텔레비전 프로그램 중에 '생활의 달인'이라는 프로그램이 있다. 텔레비전을 볼 시간이 그다지 없지만, 그 프로그램만큼은 녹화를 해서라도 본다. 깨달음을 주기 때문이다. 그리고 그들을 통해 마케팅 비법을 전수받기 때문이다. 주차의 달인, 다림질의 달인, 오징어 채썰기의 달인, 신문 삽지 넣기의 달인 등 달인의 종류도 수없이 많다. 그들은 어떻게 달인이 됐을까? 죽어라고 노력만 하면 될 수 있을까? DNA 구조가 다른 걸까? 운이 좋아서일까? 호기심 어린 눈으로 그들을 관찰하다가 문득 한 가지 생각에 꽂혔다. '사랑', 흔하디흔한 단어 사랑 말이다.

수산시장 내의 회 센터에서 하루종일 오징어회를 치는 사람이 있다. 그의 회 치는 손놀림은 카메라가 잡기도 버거울 정도로 빠르다. 비법을 물으니 칼 동작이 다르다는 대답이었다. 하지만 나는 그렇게 된 계기가 재미있었다. 그는 남자 손이 너무 곱다며 어딜 가나 문전박대를 당했단다. 그래서 1년 넘게 일당 아르바이트로 떠돌면서, 문서로 된 자격증만이 아니라 자신의 진정한 실력을 입증할 수 있는 몸 자격증을 가지려 노력했다는 것이다. 그렇게 손가락 마디마디를 베어가며 피나는 노력을 한 끝에 마침내 그는 사람들이 자신의 손탓을 할 겨를도 주지 않고 칼을 들어 먼저 몸 자격증을 보여주는 신나는 칼잡이가 된 것이다. 애정이다. 자존심이란 진정한 자기애에서 출발하지 않으면 인정되지 않는 것이다.

광고회사에서 CD Creative Director로 있을 때였다. 경쟁 프레젠테이션 브리핑을 할 때 대개는 기획팀에서 전략을 설명하고 제작팀은 제작물만을 설명한다. 기획팀은 전략 구도를 이성적으로 표현하는 데 반해 제작물은 콘티라는 것을 펼치고 심사위원들이 상상할 수 있는 가능성의 설득을 해야 하기 때문에, 서로의 역할을 넘나드는 것은 속성상 버거운 일이다. 하지만 기획팀의 설명이 끝나고 제작물 설명을 진행하다보면 전후가 분리되거나 겉도는 느낌을 지울 수 없었다. 서로 다른 사람이 브리핑을 하는 것이 각각의 전문성을 살리는 것이어서 좋을 것 같지만, 하나의 맥으로 끊김 없이 설득하는 데 있어서는 장애가 된다는 사실을 깨닫게 되었다.

어떻게 하면 좋을까? 결국 프레젠테이션의 종결은 제작물 아이디어로서 맺으니, 제작팀의 대표인 내가 하면 되지 않을까 하는 생각이 들었다. 이후 나는 제작물 진행을 하면서 기획서도 함께 구상했다. 잘 쓴 기획서의 형식을 연구하고 거기에 나만의 캐릭터를 만들기 위해 고심했다.

우선 기존 방식인 화면 전체를 빽빽하게 활용한 레이아웃에서 탈바꿈하여, 도표 일색의 딱딱한 내용들을 지문처럼 작게 구석에 배치하고 각 페이지가 넘어갈 때마다 요약문구만 크게 적어서 흐름을 이어가도록 했다. 그리고 발표할 내용은 전부 암기하여 요약문구의 흐름을 연결하면서 브리핑을 하였다. 발표할 내용을 전부 화면에 띄워서 프레젠터가 그대로 읽는 지루한 방식에 변화를 준 것이다.

이렇게 하다보니 이전의 기획서와는 전혀 다른 틀이 만들어졌다.

지금은 대부분 이런 방식으로 기획서를 만들지만, 십수 년 전인 그 당시만 해도 상상하지 못한 신선하고 스타일리시한 형식이었다. 먹기 좋은 떡이 맛도 있다. 이것은 단지 예쁘게 보이는 것이 아니라 상대방이 설득될 준비를 하게 만드는 것이다.

그리고 소비자 조사를 바탕으로 한 시장 분석에서부터 시작하던 귀납식 브리핑을, 결론부터 말하거나 혹은 결론에 대한 복선부터 깔고 시작하는 연역식으로 바꾸었더니, 친절해졌을 뿐 아니라 신선하고 힘 있는 브리핑이 되었다. 기획팀과 제작팀으로 나누어서 설명하던 것을, 한 사람이 풀어주니 흐름이 일관되고 설득력이 배가 되었다.

게다가 나는 여자였다. 그때만 해도 여자 프레젠터를 만나기는 매우 드물었다. 하물며 기획과 제작을 총괄하는 프레젠터는 더더구나 없었다. 군대식의 절도 있는 기존 방식에서 벗어나, 여성의 목소리로 부드럽고 친절하게 진행하는 피티는 분명 차별화된 경쟁력이 있었다. 피티는 연승가도를 달렸다. 이제 제작물만 설명하는 CD 유재하가 아니라, 올라운드 플레이어 프레젠터 유재하가 된 것이다.

자신을 진정 사랑하는 사람의 아우라는 경쟁자를 제압한다

그러나 이런 결과를 만들기까지 물론 어려움이 있었다. 기존 기획서에 반론을 제기하니 담당 기획국장의 거부는 물론 급기야 기획팀과 제작팀 본부장 사이의 알력싸움으로 번져나갔다. 제작팀의 동료들도 좋은 게 좋은 것이라며 그냥 우리 본분만 지키자고 나를 말렸다. 좀더 설득력 있는 프레젠테이션을 해보자는 애초의 나의 의도와 달리, 상황이 안 좋게 흘러가자 그만 이쯤에서 접을까 하는 생각도 들었다.

하지만 내가 원하는 것이 무엇인가를 곰곰이 생각했다. 나는 피티에서 이기길 원했고, 이기는 전략을 세우기 위해 남들이 가지 않은 길을 찾은 것뿐이었다. 그렇다면 여기에서 멈출 수 없었다. 때마침 기획본부장이 제작본부장에게 리허설을 해보자고 제안해왔고, 다음날 아침으로 리허설이 정해졌다. 여기에서 깨지면 그저 제작팀의 CD로 머물러야 한다. 무엇보다 제작팀 동료들에게 희망을 주고 싶었다. 나는 밤을 온전히 바쳐 새로운 느낌의 프레젠테이션을 준비했다.

내가 생각한 새로움이란, 첫째 기획서를 모두 암기하여 화면을 보지 않고 청중만을 향해 발표한다. 둘째, 적절한 에피소드를 5분에 한 번씩 노출한다. 화면에 없는 에피소드를 말할 때는 수없이 반복 연습하여 자연스러운 흐름을 타야만 한다. 타이밍이 생명이기 때문이다. 어설플 경우 오히려 역효과가 나기 십상이다. 마지막으로, 청중과 투웨이 커뮤니케이션, 즉 그들을 향해 질문할 거리를 만든다. 밤 10시부터 새벽 6시까지, 연습하고 고치고 또 연습하기를 반복했다. 상대팀의 기획국장은 나보다 5~6년은 더 경력이 많은 업계의 선배였다. 그는 리허설 시작부터 게임도 안 되는 자리에 나왔다는 듯이 느긋하게 기존의 형식으로 브리핑을 해나갔다. 그러나 도전자의 힘은 새로움에 있다. 나의 완전히 다른 기획서와 브리핑 방식에 모두들 박수를 보내주었다. 기획국장도 악수를 청해왔다.

내가 항상 최고의 조건 속에서 일해온 것은 아니다. 하지만 필요하다면 나를 최고의 조건으로 끌어올리려 노력했다. 이것이 내가 나를 사랑하는 방식이었다. 그리고 이것이 나를 믿고 나에게 일을 맡겨준 사람의 신의를 저버리지 않는 것이었다. 그 이후 나는 '피티의 달인'이라는 소리를 듣게 되었고, 1년마다 승진하여 기획과 제작을 총괄하는 중역이 되었으며, 신문 인터뷰에 '피티 여전사'라는 타이틀로 소개되기도 하였다.

기획의 달인이 되고 싶은가? 킬링 포인터로 진화하여 성공하는 기획을 하고 싶은가? 그것은 얼마나 진심으로 열망하느냐에 달려 있다. 그리고 그 열망은 자신에 대한 사랑, 즉 자기애에서 출발한다.

기획을 논하기에 앞서, 스스로를 사랑하고 존중하라. 달인들은 남을 의식하기보다 스스로에 대한 약속으로 자신의 일에 전력한다. 나를 이해 못 하는 상사와 나를 몰라주는 회사를 탓하기 전에, 진정으로 자신을 사랑하는 법을 배워야 한다.

자신을 사랑하는 사람은 빛이 난다. 시장에서 하루종일 생선을 파는 상인이든, 온종일 복사심부름을 하는 인턴사원이든, 자신을 진정 사랑하는 사람의 아우라는 상대를 제압한다. 나를 사랑하는 진정한 자존심에서부터 사랑의 눈이 키워진다. 그리고 킬링 포인트는 자기 자신을, 사람을, 세상을 사랑하는 '사랑의 눈'으로 볼 때 발견된다. 킬링 포인트는 바로 러빙 포인트인 것이다.

Killing Point Checking!

러빙 포인트를 보고 있는가?

1 **먼저 자기 자신을 진정으로 존중하고 사랑하라.** 킬링 포인트는 자신을 사랑하는 눈으로 볼 때 발견된다.

2 **나를 사랑하지 못하는 부분은 무엇인가?** 3장의 내용을 바탕으로 스스로를 가두고 있는 마음의 벽을 허물어보자.

3 **자기표현력을 길러라.** 3장의 내용을 바탕으로, 자신감을 갖고 매력적으로 자신을 표현하는 법을 훈련하라.

Part 2

킬링 포인트를 찾아내는 아이디어 발상법

통찰력을 키우는 두뇌 굴리기 훈련법

Killing Point

마케팅의 진정한 전략은

세계 모든 사람들이 사용할 수 있는

핵심 아이디어를 찾는 것이다.

—셸리 라자루스

Killing Point

남과 다른 관점에서 머리 굴리기

킬링 포인트는 창의력을 바탕으로 한 아이디어의 핵심을 발견하는 것이기 때문에 궁극적으로 통찰력을 필요로 한다. 즉, 킬링 포인트는 창의적 통찰력이다. 그런데 이것은 훈련을 통해 계발될 수 있는 것일까? 아인슈타인, 아리스토텔레스, 에디슨, 다빈치, 다윈, 모차르트… 우리는 이들을 천재라고 부른다. 그리고 통찰력과 남다른 아이디어는 천재들에게서 나오는 것이라고 생각한다. 한마디로 '그들은 천재이기 때문에 그런 생각을 할 수 있었던 것이고, 나는 천재가 아니기 때문에 통찰력이나 창의력이라는 말만 나와도 주눅이 든다'라는 것이다. 그렇다면 정말 '세상을 놀라게 하는' 아이디어는 천재들만 혹은 적어도 머리가 좋아야만 생각해낼 수 있는 것일까? 과연 그들의 창의력은 어떻게 계발된 것일까?

오랫동안 많은 학자들은 통계적 방법으로 천재들을 연구해왔다. 그리고 오랜 시간의 논쟁 끝에, 창의력과 지능이 일치하지 않는다는 결론에 도달했다. 사람은 우수한 지능에 비해 창의력이 떨어질 수도 있으며, 자신이 가지고 있는 능력보다 훨씬 더 창의적일 수도 있다. 평범한 우리에게도 가능성은 얼마든지 있다. 어떻게 훈련하고 어떻게 생각하느냐에 따라 우리도 창의력이 뛰어난 사람이 될 수 있는 것이다.

상식의 틀을 벗어나 다르게 보는 방법

나는 가끔씩 직원들을 모아놓고 브레인스토밍을 한다. 나는 일명 '머리 돌리기' 놀이라고 하는데, 직원들은 '뇌 고문'이라고들 말한다. 가령 이런 놀이다. 유리컵을 하나 탁자 위에 올려놓고 이 유리컵에 대해 말해보라고 했다. 직원들은 어이없다는 표정으로 서로 멀뚱멀뚱 쳐다보기만 하고 회의실에는 침묵만 흘렀다. 결국 견디지 못하고 한 직원이 짜증 섞인 목소리로 말했다.

"어우, 이거 그냥 컵이잖아요."

그 외에 뭘 더 말하느냐는 것이다.

"이게 그냥 컵으로밖에 안 보여? 컵 말고 다른 용도로 쓸 것은 없을까? 모양은 뭘 닮았지?"

이런 식으로 질문을 던지면서 직원들이 머리를 돌릴 수 있도록 하는 것이다. 이것은 우리가 늘 보아오던 대로 보고, 불러오던 대로 부르는 것이 아니라 말 그대로 이리저리 '머리를 돌려보는' 훈련이다. 실제로 '컵' 하나를 놓고 머리 돌리기를 계속해서 시키자, '여인의 몸'에서부터 '실연의 상처로 아픈 자신의 심장'이라는 차원까지 생각이 발전되었다. 그리고 그렇게 괴롭게 시작했던 직원들이 요즘은 한 사람당 열 가지 이상의 연상을 거뜬히 해내곤 한다. 그리고 창의력 컨설턴트인 마이클 미칼코Michael Michalko의 '13을 반으로 나누기' 실험에도 거뜬히 통과했다. 당신도 한번 시도해보라. 과연 13을 반으로 나누는 방법이 몇 가지나 있는지를.

13(thirteen)을 반으로 나눈 예들

① 6.5

② 6과 2분의 1

③ thir와 teen = 4(thir/teen을 각각 4글자씩 나눌 수 있음)

④ 13 = 1, 3

⑤ XIII = 11, 2(세로로 반을 나누면 XI와 II으로 나눔)

⑥ XIII = 8, 8(수평으로 반을 나누면 위쪽은 VIII이 되고, 아래쪽은 VIII이 됨)

마이클 미칼코의 '13을 반으로 나누기'는 위에서 제시한 답 외에도 얼마든지 다른 방법들이 있을 것이다. 흔히들 '창의적'이라고 하면,

'남다르고 기발한, 아주 새로운' 것이라고 생각하는데, 사실 '창의적'이라는 것은 '다른 관점으로 보는' 것이다.

대부분의 사람들은 어떤 문제가 주어졌을 때 상식적이고 일상적인 관점에서 그 문제에 반응한다. 예를 들면 '13의 반은 무엇인가?'라고 물으면 대부분은 6.5라고 바로 답한다. 그리고 끝이다. 그러나 창의적인 사람들은 거기에서 끝나지 않는다. '수없는 13의 반'을 만들어낸다.

창의적인 사고를 하는 사람들은 한 가지 답이 아닌 여러 가지 대안을 끊임없이 찾아내는 사람이다. 다양한 답을 찾아내느냐 아니면 한 가지 정답만을 생각하느냐, 이것이 바로 창의적인 사람과 그렇지 않은 사람의 차이이다. "당신은 다른 사람과 어떤 차이가 있느냐?"는 질문에 아인슈타인은 이렇게 대답했다고 한다.

"만약 건초더미에서 바늘을 찾으라고 한다면, 평범한 사람들은 바늘 하나를 발견하는 즉시 찾는 것을 멈추지만, 나는 건초더미 속에 있을 수 있는 모든 바늘을 찾기 위해 전체를 파헤칠 것이다."

나는 직원들에게 '머리 굴리기' 훈련을 수없이 반복하였다. 그러자 1년 이상을 따라온 직원들은 이제 '굴릴 줄 아는 머리'를 갖게 되었다. 그들은 한 가지 관점에서 사물이나 문제를 바라본 후, 다시 다른 관점으로 바라보고, 또 다시 다른 관점으로 이동함으로써 문제를 여러 형태로 재구성할 수 있게 되었다. 이렇게 관점을 달리하면 문제에 대한 해석이 다양해지면서 이해의 폭이 깊어진다. 따라서 남다른 생각을 할 수 있게 되는 것이다. 그 직원들은 광고주가 제시한 브랜드의 문제점을 파악하는 것에서부터 다른 시각을 갖게 되었으며, 같은 문제에 대해 다른 직원들보다 다양한 해결점을 제시하였다.

예를 들어, 새로운 휴대폰 브랜드의 런칭을 앞두고 '휴대폰과 소비자의 관계'에 관해 맵핑생각의 지도을 해보라고 하였다. 이것을 훈련이 전혀 안 된 학생들과 광고회사 3년차 직원의 두 그룹에게 시도해보았다. 최악의 답안지는 지도를 만들기는커녕 '불가분의 관계'라고만 적은 것이었다. 그러나 조금 진전된 것이라 해도 별반 다를 것이 없었다. 맨 앞에 휴대폰이라고 적은 다음 오른쪽 옆으로 줄을 긋고는 통신 기능이라고 쓰고, 왼쪽에는 카메라 기능이라고 쓴 것이 고작이었다.

그렇다면 '머리 굴리기' 훈련을 꾸준히 시킨 직원들의 생각지도는 어떠했을까? A4 용지가 꽉 차도록 빽빽이 그려져 있었다. 그들 중 한 명의 내용을 보면, 가운데에 휴대폰이라 써놓고 방사형으로 줄을 긋고 생각하고 상상하는 것들을 각 줄마다 써놓았다. 첫 번째 라인에는 '움직이는 전화'라고 시작하여 '자유', '프리랜서'가 이어졌으며, 두 번째 라인의 첫 글자는 '엔터테인먼트'에서 카메라, 전자수첩, 시계에 이어 끝에는 '비서'로 정리했다. 세 번째 라인은 '액세서리'에서 패션으로, 아바타에서 스타일 개조 등으로 해서 꼬리에 꼬리를 물고 이어갔으며, 네 번째 라인은 '필수품'으로 시작하여 가방, 손수건, 지갑으로 이어지다가 '분신'으로 끝을 맺었다.

당시는 요즘처럼 휴대폰이 다양한 콘텐츠를 갖고 있지 않던 때였다. 휴대폰에 카메라 기능이 장착된 지도 얼마 되지 않았던 때여서 고작 30만 화소가 대단한 기능이었다. 그런 시절에 이 직원은 휴대폰의 기능을 액세서리와 분신의 단계까지 발전시키면서 최고 300가지 이상의 단어들을 끄집어냈던 것이다. 하나의 사물을 얼마나 많은 새로운 각도로 다시 볼 수 있는지, 그리고 그러한 다르게 보기가 제품의 기능적 차원에까지 어떤 영향을 미칠 수 있는지를 잘 보여주는 사례로 볼 수 있다.

머리 굴리기 훈련이든 생각지도를 그리는 연습이든, 이것은 결국 '보는 방법을 다르게 하는 것'이다. 이러한 훈련을 계속 하면 '다르게 보는 방법'이 보이게 된다. 이것을 레오나르도 다빈치는 '보는 방법을 아는 것'이라고 했다. 광고회사에서는 이를 흔히들 '째려보기'라고 재미있게 표현하는데, 아이디어가 시원찮으면 선배들은 이렇게 묻곤 했다.

"눈이 찢어지게 째려본 거야, 이게?"

다르게 보는 방법 중 하나로 '뒤집기'가 있다. 예컨대 '식당에는 메뉴판이 있다'를 뒤집으면 '메뉴판 없는 식당이 있다'가 될 것이다. 이런 식당은 어떤 식당인가? 한 가지 메뉴만 특화한 식당일 것이다. '하늘은 위에, 땅은 아래에 있다'를 뒤집으면? 전투기를 180도 회전시킨 조종사가 본 하늘은 아래에 있고 땅은 머리 위에 있게 된다.

이렇듯 시각적이든 논리적이든 뒤집어 생각하는 습관을 가지면 세상에 어떤 불가능한 것도 가능하게 할 수 있을 것 같아진다. '난 지금 불행해'를 뒤집으면 '난 행복해'가 되어야 하는데, 현재 불행하다고 생각하는데 그걸 '행복해'라고 뒤집어 외친다고 한들 행복이 느껴지지는 않는다. 하지만 '그럼 지금 행복해지려면 어떻게 해야 하지?'라고 한 번 더 뒤집어서 생각하면, 문제를 풀려는 에너지가 신기하게도 그 답을 찾아내곤 한다. 새로운 아이디어를 찾고 있다면, 생각을 뒤집어보라. '더' 새로운 아이디어를 찾고 있다면, 뒤집은 생각을 또 한 번 더 뒤집어보라.

양으로 승부하라, 질이 따라온다

창의적인 천재들의 독특한 특성은 사고의 양이 방대하다는 것이다. 모차르트는 600편 이상의 곡을 작곡했고 아인슈타인은 상대성 이론 말고도 248편의 논문을 썼으며, 프로이트는 650편의 논문을 발표했다. 빛의 화가 렘브란트는 650장 가량의 그림을 남겼으며 셰익스피어는 154편의 희곡을 썼다. 그중 일부는 형편없는 것들도 발견되었다는데, 이는 다른 이들보다 많은 양을 썼기 때문에 확률적으로 졸작도 그만큼 많은 탓이다. 아무튼 양에서 질이 나온 것만은 틀림없는 사실이다.

그러나 양을 생산한다는 것은 그리 단순한 일이 아니다. 끈질긴 집념 없이는 갈 수 없는 길이기에 에디슨의 이 말이 아직도 인용되는 것이 아니겠는가. "천재는 1%의 영감과 99%의 노력으로 이루어진다." 그는 백열전구와 축음기를 발명하고도 그 외에 1093개의 특허권을 가지고 있다. 그의 말대로 99%의 노력의 산물인 것이다.

광고회사 초년시절 카피라이터로 일할 때 당시 10년 위의 선배들은 항상 100번 쓰기를 강조했다. 결국 카피 한 줄만 선택할 것을, 100가지씩 쓰라고 하면서 꼬박꼬박 검사까지 했다. 동료들끼리는 우리가 무슨 초등학생도 아니고, 광고란 첨단 학문이고 직업인데 이렇게 무식하게 트레이닝해도 되는 거냐며 푸념을 하곤 했다. 하지만 이제와 생각해보니 그것은 앞에서 말한 '여러 방향으로 생각하기' 훈련이었다. 그리고 그때의 훈련이 없었다면 지금까지 일선에서 일하는 행운은 없었을 것이다.

그럼 양을 끌어내려면 어떻게 해야 할까? 우선 한계시간을 준다. 앞에서 유리컵을 직원들에게 제시했을 때 모두들 막막한 얼굴로 쳐다보았지만, 이때 우선 서너 개만 생각해보라고 하지 않는다. 지금부터 10분 안에 30개를 적어보라고 한다. 그러면 '몇 개만 생각해볼까?'라고 생각했던 때와는 다르게 곧바로 긴장 모드에 돌입하게 된다. 우리의 뇌는 조건에 반사하는 능력을 갖고 있기 때문에 긴장감을 가지도록 적당히 조여주면 느슨하게 있을 때는 생각하지 못한 신선한 발상들이 튀어나오게 된다.

이렇듯 아이디어 발상의 양을 늘리기 위해서는 의식적이고 의도적인 노력이 필요하다. 아이디어의 퀄리티가 순서에 따라 나오기 때문에 이런 노력은 더욱 필요하다. 초기에 나온 아이디어는 대체로 후반의 아이디어보다 못하다. 이상하게도 일정한 양이 나와준 뒤에야 정제된 제대로 된 아이디어가 보이기 때문이다. 아마도 창의적 사고라는 것은 일반적이고 관습적인 아이디어를 몰아내고 유니크한 아이디어를 뽑아낼 수 있을 때까지 충분한 아이디어를 분출시키는 데에 달려있는 것 같다.

이런 질서를 아는 광고주들은 처음 제시한 아이디어를 무조건 거부하고 '다시 또'를 연발하는 경우도 있다. 우리는 열심히 그 과정을 거쳐서 나온 결과라고 생각하는데도 말이다. 그래서 실컷 푸념을 하고 돌아와 다시 시작해보면 이상하게도 새로운 것이 보일 때가 있다. 절대 양의 창출이란 이런 경우일까?

다음은 5가지 단어 목록이다. 각각의 단어들에 대해 처음으로 떠오른 생각을 1번에 적고 그 다음으로 2번에서 5번까지 각각 적어보도록 한다. 그리고 처음에 적은 것과는 어떻게 다른 생각을 하게 되었는지 살펴보자.

	1	2	3	4	5
자동차					
호랑이					
사랑					
지구					
휴대폰					

후반부의 아이디어가 훨씬 더 독창적인가? 아마도 그럴 것이다. 그렇기에 우리는 좋은 아이디어를 갖기 위해 초반의 아이디어를 버리는 것에 익숙해져야 한다. 의도적으로 새로운 것을 창조하기 위해 관습적인 틀을 벗어나야 하는데, 그것은 절대적 양을 만들어야 이루어지는 것이다. 양은 킬링 포인트를 만드는 창의성의 근간이 될 것이다. 일단 양으로 승부하라. 그것에서 질이 담보된다.

Killing Point Checking!

창의적으로 머리를 굴리고 있는가?

1 모든 것을 뒤집어 생각해보라. 어떤 상황이든, 어떤 사물이든 뒤집어 보라. 그리고 그 뒤집기가 가능하려면 무엇을 어떻게 해야 할지를 고민해보라.

1단계 A가 꼭 A일까?

2단계 A가 B일 수는 없을까?

3단계 A가 B가 되기 위해서는 어떻게 해야 할까?

2 일단은 양으로 승부하라. 킬링 포인트를 찾기 위해서는 고정관념의 틀에서 벗어나야 하는데, 이것은 아이디어를 거듭거듭 뽑아낼수록 가능하다. 마치 때를 벗기듯, 뇌에 낀 고정관념을 벗기려면 일단 양으로 승부해야 한다. '머리 굴리기' 훈련을 할 때 제한시간을 정해놓고 일정 수의 연상을 떠올리도록 한다. 10분 동안 30개의 연상 키워드를 적는 식으로, 시간 제한을 두면 뇌가 긴장한다.

소비자의 기억에 각인될 스토리 만들기

클린턴이 대통령 선거에 출마했을 때, 그가 어려서부터 존경했던 존 F. 케네디의 이미지를 벤치마킹한 것은 유명한 일화이다. 클린턴은 케네디의 말투에서부터 모습에 이르기까지, 모든 것을 벤치마킹하면서 성공적인 대통령의 이미지를 만들어갔다. 심지어 자신이 초등학교 시절 우등생으로 뽑혀 백악관을 방문해 존 F. 케네디 대통령과 악수를 한 기념사진을 찾아내서 선거 홍보용 사진의 배경으로 사용할 정도였다. 미국 국민들이 가장 멋지게 생각하는 대통령인 케네디와의 연결 이미지 덕에 클린턴의 이미지는 날이 갈수록 높아졌고, 마침내 그는 대통령이 되었다. 짧은 시간에 '성공적인 대통령 스토리'를 만든 클린턴의 사례는 스토리의 중요성을 잘 보여주고 있다.

스토리, 마음을 여는 강력한 킬링 포인트

스토리의 힘은 기획에서도 매우 중요하다. 스토리로 성공한 유명한 광고캠페인이 있는데, 바로 디지털 카메라 올림푸스의 경우이다. 올림푸스는 캠페인 키워드 자체가 아예 '더 디지털 스토리The Digital Story'였다.

당시는 모든 경쟁 브랜드들이 100만 화소에서 200만 화소로, 그리고 마침내 300만 화소를 처음으로 출시했다는 식의, 더 높은 화소 수를 자랑하고 있을 때였다. 그래서 오히려 소비자들은 이제 화소 수는 끊임없이 업그레이드가 되는 것임을 알게 되었다. 그러니 아무리 '더' 많은 화소 수를 외쳐도 브랜드 간의 이미지 변별력이 전혀 생기지 않았다.

이런 상황에서, 올림푸스는 전지현을 모델로 써서 '디지털 스토리'라는 캠페인을 전개한 것이다. 당시 화제의 인터넷 소설을 영화화한 '엽기적인 그녀'에서 현대적이고 트렌디한 매력을 발산했던 그녀가 사랑은 떠나가도 스토리는 디카와 함께 남는다는 의미의 '디지털 스토리'를 광고에서 보여주자, 소비자들의 반응은 폭발적이었다. 올림푸스는 해외의 유명 브랜드를 제치고 브랜드 선호도 1위를 차지하게 되었다. 스토리의 힘이다.

사람들은 내가 공감할 수 있는, 더 나아가서는 나를 감동시키는 스토리와 매칭된 사람이나 브랜드에 빠지게 된다. 그래서 바람둥이 남자들은, 여자에게 잘 먹힐 만한 본인의 스토리를 서너 개쯤 갖고 있으며, 세계적인 브랜드 할리 데이비슨은 호그HOG: Harley Owners Group 할리의 팬들에게 단순히 오토바이 브랜드가 아니라 스피드와 일탈을 즐기는 자유의 브랜드가 되는 것이다. 스토리가 힘이다. 스토리는 사람의 마음을 여는 강력한 킬링 포인트이다.

동원증권이 첫 광고를 준비할 때의 일이다. 쟁쟁한 광고회사 4곳이 경쟁 프레젠테이션에 참가한 상황이었다. 그런데 문제는 '동원증권'이라고 하면 '참치'가 떠오른다는 소비자 반응이 80%가 넘어선다는 것이다. 이렇게 절대적 상징성이 강한 경우는 그 이미지가 쉽게 바뀌지 않기 때문에 자칫 홍보와 마케팅에 쏟아 부은 비용이 허튼 짓이 될 위험이 높다. 그러나 놀랍게도 캠페인 이후 동원증권은 '참치'에서 '신뢰'로 키워드가 완전히 전환되었다. 자, 그렇다면 어떤 스토리가 있었을까?

동원증권처럼 브랜드의 연상 이미지가 굳어져 있을 경우에는 바꾸고 싶은 이미지를 먼저 설정한다. 증권회사니까 제일 먼저 떠오르는 것은 '신뢰' 정도가 될 것이다. 그리고 억지 결합은 소용없으니, 이런 경우야말로 스토리와의 연결이 가장 좋은 방법이 될 것이다.

동원증권 피티에서 승리한 광고회사 담당자는 당시 공전의 히트를 친 영화 '친구'를 보다가 갑자기 '친구란 무엇인가'라는 생각을 하게 되었고 그것이 스토리 전략으로 연결되었다. 승리한 광고회사의 아이디어는 이러했다. 영화 '친구'에서 주연을 맡았던 배우 유오성을 기용하여 동원증권이 할 말을 대신한다.

"모두가 '예'라고 말할 때 '아니오'라고 할 수 있는 친구, 모두가 '아니오'라고 말할 때 '예'라고 할 수 있는 친구, 믿을 수 있는 친구, true friend 동원증권"

이것은 전혀 새로운 말은 아니지만, 영화의 감동과 맞물려 소비자는 이 캠페인을 멋진 메시지로 받아들였다. 한국 영화 천만관객 시대 이전에 온 국민을 달군 영화이니 그 폭발력은 대단했다. 영화를 본 사람들은 한 번만 보는 것이 아니라 동창들과 한 번 보고 고향친구들과 또 한 번 보면서, 영화 덕분에 오랜만에 '친구'라는 존재의 중요성에 대해 생각하게 되었다. 동원증권에 '친구'의 스토리를 매칭한 전략은 당시의 트렌드와 맞아 공감대가 증폭된 것이다.

이 광고캠페인이 몇 달간 전개되고 난 이후에 동원증권의 브랜드 이미지는 놀랄 만큼 달라졌다. 증권업계의 하위 이미지 브랜드에서 인지도가 대폭 상승했음은 물론, 그간 걱정하던 '참치' 이미지에서 벗어나 '믿을 수 있는 친구'를 통한 '신뢰'의 키워드를 확보하게 된 것이다. 바로 스토리의 힘이다.

그 브랜드만의 스토리를 만들라

브랜드에 스토리를 부여한 사례는 무수히 많다. 2003년 당시 신규 휴대폰 브랜드인 큐리텔은 이제 막 커뮤니케이션을 시작하는 브랜드였지만, 해외에서 먼저 인정받은 기술력으로 앞선 기능을 선보여 왔다. 국내 최초의 카메라 기능 장착 휴대폰을 개발했고, 최초로 가장 작은 휴대폰을 만들어내기도 했다. 그래서 큐리텔은 항상 '최초', '최고'라는 메시지가 따라다녔다. 그리고 그런 메시지를 기반으로 가격효율성 좋은 첨단 기능의 휴대폰이라는 브랜드 위치를 확보한 것으로 만족하고 있었다.

그러나 시간이 지나자 그것만으로는 부족했다. 휴대폰이 기능 싸움의 장에서 패션 경쟁으로 싸움의 장이 옮겨지기 시작한 것이다. 소비자의 선택 기준은 이제 화소나 사이즈가 아닌, 나의 분신으로서의 이미지 맞추기가 되었다. 어른들에게 있어 자동차가 자기 이미지의 분신이라면, 이제 젊은이들에게는 휴대폰이 그 역할을 하게 된 것이다.

나는 이제야말로 소비자인 '나'의 이미지에 맞는 스토리가 필요하다고 생각했다. 인기 있는 톱모델에, 엄청난 광고비를 투여하는 쟁쟁한 경쟁사들을 제치고 어떤 스토리를 만들어야 큐리텔만의 스토리를 갖게 될까?

먼저 나의 스토리 박스를 들여다보았다. 나의 스토리 박스는 내 머릿속인데, 굳이 장소를 말하자면 나의 집이다. 아이디어가 잘 풀리지 않을 때는 집으로 돌아와 서재며 거실의 책과 DVD를 훑고 다니는 버릇이 있다. 참 이상하게도 그러다가 멈칫 걸리는 책이든 영화든 뮤지컬에서 영감을 얻곤 하는데, 그때에도 그랬다.

내가 좋아하는 신카이 마코토의 애니메이션 DVD에 시선이 꽂혔는데, 몇 번이나 본 것이라 내용이 훤했음에도 내 손은 이미 그것을 꺼내들어 플레이 버튼을 누르고 있었다. '별의 목소리'란 애니메이션이었는데, 그날은 그것부터 본 것이 아니라 맨 끝에 첨부된 5분짜리 흑백 애니메이션을 먼저 보게 되었다. '그녀와 그녀의 고양이'라는 제목의 그 작품은 신카이 감독의 첫 데뷔작이며 애니메이션 영화제에서 그랑프리를 받은 작품으로, 5분밖에 안 되는 짧은 애니메이션이지만 감독의 섬세한 발견의 눈을 그야말로 '발견'하고 감동한 작품이었다.

애니메이션은 혼자 사는 그녀와 그녀와 함께 사는 고양이에 관한 이야기인데, 극은 고양이의 독백으로 이어져간다. 그녀가 남자친구에게서 이별 통보를 받고 우는 장면에서 그녀의 고양이가 그녀의 마음을 헤아리는 독백은 참 따뜻했다. 그녀에게 있어 고양이는 친구이며 또 다른 자신, 즉 분신과도 같았다. 물론 고양이는 그녀와 대화를 할 수는 없다. 그러나 그 영화에서는 서로 영혼의 교감을 나누는 것을 느낄 수 있다. 분신? 그렇다면 또 하나의 분신이라고 하는 휴대폰 또한 그와 같지 않겠는가. 나는 바로 노트를 꺼내 콘티를 짜기 시작했다.

광고사상 처음으로 휴대폰을 인격화한 첫 번째 광고 스토리는 이렇다. '어느 비 오는 날, 강동원은 그의 집 거실 창가에 혼자 앉아 내리는 비를 바라보고 있다. 빗소리가 배경이 되어 오늘따라 더욱 외로워 보이는 그를 보는 '나' 휴대폰은 마음이 조금 무겁다. 혹시 오래 전 헤어진, 비를 좋아하던 그녀를 떠올리며 슬퍼지면 어쩌나… 하지만 가끔씩 조용히 어딘가를 응시하는 그의 모습을 좋아하는 '나'는 한편으론 그가 방해받지 않고 이 고적한 흐름을 즐기길 바란다. 그런데 느닷없이 '나'의 몸에서 벨소리가 울린다. 나는 깜짝 놀란다. 조금만 더 있다가 울렸으면 좋았을 것을….'

이러한 스토리의 느낌을 '나' 휴대폰의 목소리로 나지막하게 내레이션을 깔고 맨 마지막으로 자신의 이름을 소개한다. "나는 그의 큐리텔입니다"라고.

첫 번째 광고는 이렇게 휴대폰의 등장으로 런칭을 하고, 후속편부터는 휴대폰의 기능, 즉 세일즈 포인트를 스토리에 녹여 넣었다. 가령 '슬림폰'의 경우에는 외출하는 강동원이 옷을 차려입고 거울을 보는 모습을 '나' 휴대폰이 바라보면서 멋지다고 감탄하는 독백에서 시작한다. 그리고 그가 입은 얇고 하얀 셔츠 포켓에 '나' 휴대폰이 들어갈 것을 생각하며 그의 스타일을 구기지나 않을까 염려하는데,

셔츠 포켓에 쏙 들어간 휴대폰은 스타일에 전혀 지장을 주지 않고 흠 잡을 데 없이 완벽하게 멋지다. '나' 휴대폰은 또 감동한다. 그리고 멋진 그의 휴대폰인 것이 너무나 좋아 조용히 말한다. "나는 그의 큐리텔입니다."

그때만 해도 휴대폰 브랜드 광고는 빅모델의 입을 통해 휴대폰의 기능을 전달하거나 혹은 스타일리시하게 포장하는 것이 주류였다. 이런 상황에서, 우리는 '휴대폰은 또 하나의 나'라는 스토리를 만들어 실제로 휴대폰 없이는 못 사는 수많은 소비자들과 깊은 교감을 시작한 것이다. 이것이 스토리의 힘이다. 시인 김현종은 "사람과 사람 사이에 섬이 있다"고 표현했는데, 나는 이렇게 바꾸고 싶다. "사람과 사람 사이에 이야기가 있다"라고.

주변에 널려 있는 스토리 속에 대박 기획이 숨어 있다

그렇다면 스토리 수집은 어떻게 해야 할까?

나는 나의 메모리 능력이 시원찮다는 것을 알기 때문에 노트와 친하다. 하루일과를 적는 매일노트에서부터 자잘한 생각들을 정리하는 생각노트, 광고주 미팅노트, 책이나 무용, 영화, 뮤지컬 등을 보고 나서 느낌을 적는 문화노트에 이르기까지, 가방 속에는 항상 서너 개의 노트가 뒤섞여 있다. 남들은 휴대폰이나 PDA에 정리한다고 하는데 나는 아날로그가 더 좋다. 기록한 것을 아날로그로 확인해야만 생명력을 느끼기 때문이다. 그렇게 해온 지 수십 년이 넘었다.

기록해놓은 것은 참으로 신기하게도 필요할 때마다 서프라이징 박스처럼 툭 튀어나와 나를 도와준다. 직원들이나 후배들에게 조언할 때에도 메모 습관을 늘 강조하는데, 나의 경험을 말해주면 고개를 끄덕이다가도 나중에 보면 지속적으로 메모를 하는 사람들은 별로 없다.

더 중요한 것은 그냥 메모만 하는 것이 아니라 그것을 활용할 줄 아는 것이다. 그러려면 메모한 것들을 서로 연결하여 스토리를 짜보는 훈련이 필요하다. 최근에 나는 노부부의 사랑과 삶을 그린 영화 '노트북'을 보고 나이 듦에 대해 메모를 한 적이 있다. 그런데 어느날 서점에서 제일 먼저 발견한 것은 온통 나이 듦Aging에 관련된 책들이었다. 그중 이시형 박사가 쓴《에이징 파워》를 읽고 영화 '노트북'과 연결하여, 여성과 나이란 주제의 스토리 하나를 짜게 되었다. 그리고 그 일부가 나의 모교에서 주최한 대학 졸업 25주년 기념 홈커밍데이의 캐치프레이즈가 되었다. 'Love Aging, Love Life' 25년 만에 만나 반가움과 함께 세월을 확인하게 된 동창들은 교내 곳곳에 걸린 현수막과 행사 브로셔에 적혀 있는 이 캐치프레이즈를 보고 이런 다짐을 나누었다. "그래 맞는 말이야, 나이 듦을 한탄하지 말고 사랑하자, 그리고 우리 더 예쁘게 살자!" 한 줄의 글에서 의미를 찾고 행복해하는 그녀들을 보면서 나도 더불어 행복했다. 스토리텔러가 되라. 스토리 속에서 발견한 킬링 포인트는 사람의 마음을 움직인다. 그 행복의 포인트가 바로 킬링 포인트이다.

많이 읽고 체험하라. 그러면 머릿속에 이야깃거리들이 만들어지고, 그것이 쌓이면 이야기들이 스스로 재생산되고 진화하여 방대한 자신만의 스토리 박스를 갖게 될 것이다. 그러면 삶이 풍족해진다. 좋은 이야깃거리가 많은 사람을 보면 즐겁지 않은가? 그의 곁에는 문제가 해결되고 불편이 해석되는 즐거움을 누리려 많은 사람들이 몰려든다. 스토리를 모으고 그것을 즐겨라. 스토리는 킬링 포인트의 창고이다.

Killing Point Checking!

스토리를 수집하고 있는가?

1. 무엇이든 메모하는 습관을 들이라.

2. 메모한 것들을 연결하여 스토리를 구상해보라.

3 무엇보다 즐기라. 의무적으로 하지 말고 세상에 대한 호기심, 사람에 대한 관심을 가지고 즐기면서 스토리텔링 습관을 만들어가라.

아이디어 냉장고 채우기

앞에서 창의력이란 지적능력과는 상관이 없다는 말을 했다. 오히려 창의력을 자극하는 것은 놀이 본능과 관계가 있다. 창의성을 이끌어내는 상상력은 우울하고 괴로울 때보다는 즐겁고 흥분될 때에 더 잘 일으켜진다. 그래서 나는 그것을 '상상놀이'라고 한다. 즐겁고 기대되는 것을 앞두고 있을 때 누가 시키지 않아도 머릿속에서 무한한 아이디어가 샘솟는 경험을 누구나 해보았을 것이다. 데이트 초기에 나타나는 초특급 아이디어들은 행복이 예견되는 데에서 오는 상상력의 힘이다.

그렇다면 창의력을 키울 수 있는 방법이 있을까? 천재적 아이디어 맨들처럼 생각을 다르게 하고 많은 아이디어를 끌어내는 재능을 가질 수 있을까? 그렇다! 가능하다! 나는 먼저 자신의 내부에 '아이디어 냉장고'를 갖추라고 권하고 싶다.

나는 실제로 냉장고 문을 열면 그동안 잠잠했던 감성 관련 호르몬이 갑자기 활발하게 활동하는 것을 느낀다. 배가 고파서든 심심해서든 냉장고 문을 열면 그 속에 있는 수많은 재료들이 눈을 반짝반짝 뜨고 나를 애타게 쳐다보는 것 같다. 그러면 순간 머릿속에서 온갖 레시피가 떠오른다. 레시피라야 순전히 '내 맘대로 레시피'이지만, 게 다리 몇 개, 감자 몇 알, 두부 반 모, 그리고 고추장과 파 몇 뿌리만 보여도 나는 금세 '꽃게 주연의 황홀한 오후'라고 이름 붙인 '게살 감자볶음탕'을 완성한다. 맛에 대해서는 언급하지 않겠다. 아무튼 냉장고는 어릴 적 다락방의 신비한 기운처럼 내게 무언가를 맛있게 상상하게 만드는 아이디어 창고이다.

우선 헐렁한 내 아이디어 냉장고 속을 채워보자. 비어 있는 냉장고 속은 시장이나 마트에 다녀오면 해결되지만, 나의 아이디어 냉장고는 기도나 근엄한 이론서로는 절대 채워지지 않는다. 이것은 보고, 듣고, 맛을 보고, 만져보고, 온몸으로 체험함으로써만 채워진다.

우선 기쁘고 즐거운 마음으로 해야 한다. 연애 초기에 아이디어가 샘솟는 원천이 무엇이라고 생각하는가? 마음이 행복하고 기쁘고 즐겁기 때문이다. 그 넘쳐나는 행복 에너지 때문에 아이디어가 샘솟는 것이다. 그러니 스스로 즐거운 마음가짐을 가지고 즐기는 것이 기본이다. 의무감으로 억지로 해서는 절대 안 된다. 억지로 읽어야 하는 지루한 이론서들은 던져버리고, 자신이 흥미를 느끼는 것에서부터 시작해보자. 그것이 무엇이든지, 호기심이 동하는 것에 집중하면 된다.

아이디어 냉장고 채우기 1 다른 길이 있었네?

늘 보는 일상적인 것들에 호기심을 가지고 집중하려면, 평소와는 다른 길을 찾아보는 것이 도움이 된다. 우선 늘 다니던 길이 아닌 다른 길로 가보자. 아침에 일어나서 습관처럼 양치를 하고 세수를 한다면, 그 순서를 뒤바꿔보자. 습관적으로 오른손을 사용하는 것을 의식적으로 왼손을 사용해보자. 무엇이 보일까?

기존의 길을 벗어나면 새로운 현실이 보인다. 이것이 바로 아이디어의 초석이 되며, 이처럼 새롭게 경험하는 세상에 대한 관찰은 아이디어 냉장고에 자동 저장된다.

'다른 길'에 대한 짜릿한 기억은 어릴 적에 발견되었다. 초등학교 시절, 광화문 버스정류장에서 내리면 학교까지 어린 걸음으로 10여 분은 걸었던 것 같다. 정류장 근처에는 시계방, 양장점, 제과점, 문방구가 줄지어 있었다. 매일 이어지는 통학로는 당시 나에게 흥미진진한 관찰을 할 수 있는 많은 이야깃거리를 제공해주었다.

그런데 얼마 후 새로운 경험을 하게 되었다. 버스정류장이 학교에서 좀더 먼 거리로 옮겨진 것이다. 그래서 이전과는 다른 새로운 통학로를 찾아야 했다. 그 길에는 접골원들이 있었다. 의수나 의족들이 마치 패션상품처럼 진열된 가게를 지나야 했는데, 처음에는 그 풍경들이 섬뜩하게 느껴졌다. 하지만 시간이 조금 지나 섬뜩함이 사라지자 그 의수와 의족들이 필요한 사람들이 떠올려지게 되고, 그들에게 '왜 사고가 일어났을까?'로 생각이 바뀌더니, 나중에는 훌륭한 의사가 되어 불쌍한 사람들을 도와줘야겠다는 생각으로까지 변화되었다.

단순히 통학로가 바뀌었던 그 경험을 통해, 나는 길은 하나만이 아니라 여러 길이 있다는 것을 알게 되었으며, 다른 길을 통해서 또 다른 것이 보인다는 사실도 알게 되었다.

반대의 경우도 있다. 같은 길로 가도 갈 때마다 다른 모습을 발견하기도 한다. 똑같은 출근길이라도 계절마다 다르고 나의 컨디션에 따라 다르다. 어떤 후배는 낙엽 지는 어느 가을의 출근길에서 문득 자신을 들여다보게 되었고, 그 길로 차를 돌려 양수리로 향했는데 그의 드라이브는 일 년 후 인도에서 멈추었다. 이처럼 같은 길도 어떤 관점으로 보느냐에 따라 다른 길이 되기도 한다.

다른 길 찾기는 기획에서는 숙명과도 같은 일이다. 이것이야말로 킬링 포인트를 찾는 기초가 되기 때문이다. 다른 길이란 다른 영역을 찾는 것이다. 즉, 다른 물에서 노는 것이다. 이것은 설득해야 할 대상을 다른 관점에서 보게 해주는 것이다.

아기강장제 브랜드의 피티를 진행한 적이 있다. 이제 막 출산한 엄마들이 아기를 위해 준비해야 하는 약 중에 장 건강을 돕는 강장제는 필수 약품에 속한다. 아기가 어딘가 탈이 났거나 컨디션이 안 좋으면 설사를 하는데, 이때 필요한 약이 바로 강장제이다.

아기 강장제 시장은 서너 군데의 경쟁사들이 있는데, 그들이 표방하는 제품의 세일즈 포인트는 아기 장 운동을 돕는 '균'을 함유하고 있다는 것이었다. 어떤 브랜드는 미야리산 균이, 다른 브랜드는 또 다른 이름의 균이 더 좋다는 식이었다. 강장제 시장은 한마디로 '균'의 싸움이었다. 각종 시장 조사 자료를 봐도 균 외에 다른 소구 포인트는 없을 것 같아 보였다. 그러나 이름만 다른 균을 내세워 아무리 떠들어봐야, 최소의 마케팅 예산 내에서 승부를 내기는 힘들다. 다른 길을 찾아야 했다.

우리는 책상머리에 앉아 데이터 들여다보는 것을 멈추고 산후조리원으로 갔다. 그곳에서 산모들의 이야기와 행동을 유심히 살피기 시작했다. 그러던 중 재미있는 것을 목격하게 되었는데, 아기의 기저귀를 갈 때 엄마들이 하나같이 아기의 변을 찬찬히 살피는 모습이었다. 그 모습이 하도 진지해서 우습기도 하고 궁금하기도 한 마음에 다가가서 물었다. "아기 똥을 잘 봐야 건강을 체크할 수 있대서요. 똥이 묽은지, 색은 어떤지, 냄새는 고약한지 잘 봐야 한대요." "그럼 이상 징후가 있을 때는 어떻게 하세요?" "정도에 따라 다르지만 장 이상이라고 판단되면 분유에 강장제를 타서 먹여야 한대요."
우리는 서로 얼굴을 바라보며 눈으로 '빙고'를 외쳤다.

"그래 똥이야, 똥!"

다른 길을 찾은 것이다. 그것은 '균'의 싸움이 아니라, '똥'이라는 새로운 봉우리를 만드는 것이다. 이런 것이 바로 다른 길을 만드는 것이다. 마케팅의 고전 《마케팅 불변의 법칙》에서 말하는 '영역의 법칙'이란 바로 '다른 관점에서 보기'인 것이다.

아이디어 냉장고 채우기 2 몸으로 뇌를 자극하라

중학생 시절, 학교 옆에는 시립도서관이 있었다. 다독을 하게 된 것은 그때부터인 것 같다. 중학교 3년간 국내와 해외의 장·단편소설들을 섭렵했고, 고등학생 언니들이 보는 빨간책까지 섭렵했다. 그 시절 읽은 좋은 책들은 지금껏 내게 좋은 자양분이 돼주고 있다. 좋은 책들은 생각을 키워주는 훌륭한 영양제이다.

대학시절에도 역시 다독의 습관은 그대로였지만, 다른 욕구가 올라오기 시작했다. 그 첫 시작은 이러했다. 어느 날, 이청준의 소설 《당신들의 천국》을 읽고 있었다. 소록도를 배경으로 한 나환자촌의 이야기였는데, 그 평범치 않은 상황 속에서도 삶의 공식은 지극히 평범한 데에 있음을 느끼게 해주었다. 그때까지만 해도 나에게 독서의 의미는 인생이라는 무대에서 이루어지는 크고 작은 다양한 삶을

엿보는 일종의 '관찰'이었다. 그런데 이청준의 소설을 읽고 있던 그 날은, 책을 통한 관찰이 아닌 진짜 관찰이 하고 싶어졌다. 그래서 소록도로 떠났다. 버스와 기차를 번갈아 타고 완도에 도착하여 배로 옮겨 타서 그곳에 도착하기까지 꼬박 하루가 걸렸다. 그곳에서 환자들과 생활하며 아이들을 돌보았는데, 그때 경험이 삶의 또 다른 의미를 보는 눈을 키운 것 같다.

르포작가 유재순 씨를 만난 건 20수 년 전, 난지도 생활을 취재한 그녀의 기사를 읽은 것이 계기였다. 그녀를 통해 난지도 생활의 스케치는 할 수 있었지만, 나만의 시각이 없었기에 제대로 이해되지는 않았다. 그런 경험을 한 사람은 어떤 삶의 철학을 갖고 있는지 궁금했다. 그래서 일면식도 없는 그녀를 무작정 찾아갔다. 그리고 난지도로 향했다. 먹고, 자고, 입는 모든 것을 쓰레기더미 속에서 해결한다는 그곳. 나는 3주 만에 피부병을 달고 나왔다. 하지만 이제까지 만나지 못했던 사람들과 생활하면서, 동일한 사물과 사건도 관점에 따라 완전히 달라질 수 있다는 것을 체험했다.

평화시장 노동자였던 전태일의 이야기를 읽고 청계천 피복 공장의 다락방에서 시다보조를 한 적도 있었다. 오류동 군 기지에서 제공하는 막사에서 야학을 한 적도 있었고, 책 세일즈를 하러 영등포 산동네를 휘젓고 다닌 적도 있었다. 호기심 많은 젊은이의 치기 어린 모습으로 볼 수도 있겠지만 당시의 나는 진지했다. 그리고 조금씩 달라지고 있는 나를 발견했다.

대학시절의 좌충우돌 호기심 체험기는 게으르고 우둔한 나를, 몽상가에 비현실적인 나를, 스스로를 존중할 줄 모르던 나를 흔들어 깨워주고 사랑으로 바라보게 해주었다. 책을 내려놓고 뭔가를 몸 전체로 느껴보는 것은 강력한 힘을 비축하는 것이다. 또 다른 길이 있고 또 다른 삶이 있음을 체험했기에, 문제 속에 빠졌을 때 그것을 다면체로 바라보고 해석하는 지혜를 갖게 되었다. 지혜란 아이디어에 다름 아니다.

요즘의 사람들에게 이런 식의 체험기는 현실을 모르는 몽상가의 짓으로 느껴져 핀잔을 들을지도 모른다. 나와 같을 필요는 없다. 자신에게 맞는 아이디어를 짜보자. 힘겨운 억지 체험이 아니라 놀이식 체험을 하는 것이다. 가령 전철 안에서도 휴대폰 속 세상만 들여다볼 것이 아니라 현장을 체험하는 것이다. 맞은편에 앉은 사람들의 무표정을 관찰하며 무표정 속의 표정을 읽어보는 것이다. 한가한 밤 전철 안에서 나는 무표정이야말로 가장 진정한 표정일지도 모른다는 생각을 한 적이 있다. 그것은 긴장을 푼 상태의 표정이므로 만들어진 표정이 아니라 진솔한 표정인 것이다. 그리고 한 사람씩 그 표정을 배경으로 스토리를 짜보는 것이다.

관찰체험은 창조적인 뇌를 자극하여 자연스럽게 아이디어 냉장고를 채운다. 그러니 자신의 아이디어 냉장고를 채우기 위해서는 다른 길을 찾고, 몸으로 부딪쳐보라. 크고 작은 체험들은 되도록 많이, 놀이처럼 신나게 하라. 교회의 봉사활동이든 서빙 아르바이트든 무엇이든 즐기면서 남들과 다른 방식으로 많은 체험을 하라. 아이디어 냉장고는 당신을 지혜롭게 할 것이고 그것은 인생을 신나게 하는 것이다. 그러니 채워라! 상상력의 창고, 아이디어 냉장고를!

Killing Point Checking!

창의적인 기획 아이디어를 찾고 있는가?

1 **관점을 이동시키는 훈련을 하라.** 나의 관점이 아니라, 상대의 관점, 제3자의 관점, 상사의 관점, 부하직원의 관점, 여자의 관점, 남자의 관점, 결혼한 사람의 관점, 싱글의 관점, 10살의 관점, 20살의 관점 등등 하나의 현상에도 무수히 많은 관점이 존재한다.

2 **세상을, 사람을 관찰하고 그 속에 품은 사연들을 상상해보라.**

3 **크고 작은 체험들을 되도록 많이, 신나게 하라. 많이 놀아라!**

숨어 있는 소비자의 진짜 속마음 읽기

어느 해 여름, 나는 몇 년 만에 휴가계획을 세웠다. 박사과정을 3년 안에 마치느라 회사 일에, 학교 공부에, 강의에 치여 원형탈모증까지 겪으며 살았으니, 이제 내 스스로에게 선물을 주고 싶었다. 열흘간 북유럽을 다녀오기로 하고 항공편과 호텔 예약까지 마쳤다.

그런데 피티 참여 요청 공문이 들어왔다. 피자헛이었다. 광고 예산이 120억이 넘는 규모가 큰 프로젝트였다. 잠깐 탄식을 했지만 이 일은 휴가를 놓고 저울질할 사안이 아니었다. 그만큼 중요한 피티였고, 잘 되면 일등 브랜드를 광고주로 갖는 명예로운 일이었다. 이럴 때 주변 사람들은 나를 워크홀릭으로 평가한다. 하지만 나는 스스로를 일에만 가둬두는 사람은 아니다. 결론부터 말하자면, 나는 여름휴가를 포기하고 그 피티에 참여했으며 우리는 이겼다. 그리고 늦가을 나는 북아프리카로 여행을 떠났다. 피티 승리의 파티는 카이로 강에 띄운 뱃머리에서 뱃사공과 함께 술잔을 부딪치는 것으로 시작했다.

오픈문항에서 인사이트를 얻는 방법

보통 프레젠테이션을 준비하는 과정의 제일 첫 순서는 소비자 조사이다. 피자헛을 담당한 기획팀은 당연한 순서처럼 소비자 조사 의뢰부터 시작했다. 그러나 굳이 조사를 하지 않아도, 숫자로 보는 결과는 불을 보듯 뻔했다. 피자헛은 여전히 1등 브랜드이다. 그러나 미스터피자나 도미노피자의 추격이 만만치 않았다. 지난 2년 동안 피자헛은 20% 이상 시장점유율을 빼앗기고 있는 형편이었다. 따라서 1등 브랜드이지만 전체 시장의 3분의 1 정도밖에 차지하지 못하는 어려운 상황이었다. 이러한 매출 부진을 어떻게 극복할 것인가? 어떻게 하면 2, 3위와의 격차를 벌일 것인가?

우선 전체 시장의 크기가 더 이상 커지지 않는 것이 문제였다. 웰빙 추세에 비추어볼 때 피자는 더 이상 특식이 아니었으며, 각 브랜드의 광고도 빅모델에, 하나같이 치즈가 늘어나는 시즐감을 표현한 컴퓨터 그래픽의 격전장이었다. 브랜드 이름만 떼어내면 다 그게 그것 같은 광고들이었다. 게다가 하나에 하나를 더 준다는 이류 브랜드와 동네 피자까지 합세해서, 피자 시장에서 변별력은 눈을 씻고 봐도 찾을 수가 없었다.

이런 시장 환경은 광고주가 오리엔테이션 때 이미 설명을 해줬으니 예측가능한 것이고, 살찔까봐 되도록 피자를 안 먹는다는 소비자 목소리도 추측가능한 것이었다. 그렇다면 조사 데이터에서 무엇을 읽어야 할까?

"자, 그럼 이 조사에서 뭘 더 찾을 수 있지?"

내 질문에 직원들은 난감한 표정으로 서로를 물끄러미 쳐다만 보고 있었다.

"조사자료 다 버리고 그냥 가? 어디로 갈까? 무엇으로 방향을 잡을까?"

과제를 주고 일단 나는 방으로 돌아왔다. 데이터 분석은 숫자를 읽는 것이 아니라 심정을 읽어야 한다. 5점 척도의 깨알 같은 숫자들보다는 오히려 오픈문항의 단어들에서 인사이트가 생길 수 있는 것도 바로 이런 이유 때문이다.

소비자 설문조사에서 '걱정은 되지만 그래도 피자를 먹을 때가 있다?'를 오픈문항으로 던졌는데, 그런 경험을 했다는 사람들은 많은데 그 이유가 없었다. 빈칸이거나 간간이 보이는 답변이 '그냥'이란다. 무언가가 숨어 있었다. 급히 FGI[Focus Group Interview]를 준비했다. 참석한 여성 타깃 중 24세의 한 여성이 이렇게 말했다. "피자는 살쪄서 잘 안 먹어요. 근데 땅길 때가 있어요." "그때가 언제인가요?" "스트

레스 받을 때요. 입안이 행복해져야 스트레스가 확 풀리잖아요."

그 대답에서 조사 데이터에서는 빈칸으로 표현되어 있는 소비자의 무언의 소리를 읽을 수 있었다. 그럴 땐 머리숫자 세는 것을 포기하고 심장 박동수를 세어야 한다.

다이어트와 웰빙이라는 트렌드에 피자가 주눅이 들어 있긴 해도, 그럼에도 여전히 피자가 먹고 싶을 때가 있다는 것이다. '그냥'이라는 단어는, 분명하게 표현하지 못하지만 마음속에 숨겨진 니즈를 드러내는 말이기도 하다. 나는 다시 회의 소집을 했다. 그리고 칠판에 이렇게 썼다.

'피자 본능'

"피자는 아무리 저항요소가 있어도 먹을 수밖에 없을 때가 있다. 땡겨서, 본능적으로. 그러니까 피자를 먹을 수밖에 없는 본능적 상황들을 찾아 구성해봐." 그런 상황들로 피자헛만의 스토리를 만들어야 한다. 직원들은 '피자헛만의 스토리? 말이 쉽지' 하는 표정들이었다. "예를 들면, 피자헛의 '헛'이란 오두막을 말하는 것이지만, 우리말에서는 깜짝 놀라는 감탄사로 사용되잖아? 굳이 우리나라 광고에서 헛을 오두막으로만 규정할 필요는 없잖아? 안 그래?"

생각을 풀어나가다 보니, 나도 모르게 어느새 생각에 가속도가 붙었다.

그래서 결정된 우리의 키워드는 '나도 모르게, 헛', '놀랍도록 맛

있어서, 헛'이었다. 그냥 땅겨서 먹게 되는 피자본능을 '나도 모르게'라고 표현하고, 피자헛이란 브랜드를 친근하게 각색해서 '놀랍도록 맛있어서, 헛'으로 표현했다. 그리고 너무나 맛있어 보이는 것 앞에서 '헛!' 하고 놀랄 만한 상황을 찾아내서 피자헛만의 스토리를 구성하고, 끝부분에 '나도 모르게, 나도 모르게 헛!'이라는 랩 스타일의 징글을 붙여 피자헛만의 차별화 포인트를 만들었다.

아이디어 설명을 듣던 광고주 측 심사단은 깔깔거리고 박수를 치며 좋아했다. 휴가 반납과 지리한 밤샘으로 지친 내 몸에서 엔도르핀이 솟구쳤다. 피티에서 이긴 것도 좋았지만, 직원들이 조사 데이터를 읽어내는 법을 이해하는 데에 도움을 줄 수 있어서 기쁨은 배가 되었다.

우리가 얻게 되는 정보는 대부분 경쟁업체도 알고 있는 동일한 데이터일 경우가 많다. 동일한 루트를 통해 같은 자료를 연구하니, 당연하게도 같은 수치에 도달한다. 그러니 데이터를 읽는 것만으로는 이길 수 없다. 그래서 숫자를 읽을 때에도 호기심이 중요하다. 알고자 하는 인간적인 욕망, 그 호기심이 리서치를 변화시킨다.

질문을 멈추지 않는 호기심은 킬링 포인트를 찾는 데에 참으로 중요한 요소이다. 어느 분야에서든 최고가 되려면 모든 일에 호기심을 가지고 어느 것 하나 당연시해서는 안 된다. 아인슈타인은 자신을 일러 "특별히 영리하지도, 특별히 재능이 있지도 않은 사람"이라고 했다. 그리고 이렇게 덧붙였다. "나는 아주 호기심이 많은 사람이다."

마찬가지로 데이터를 보는 사람은 시력이 좋은 사람이 아니라 마음을 읽는 눈이 밝은 사람이어야 한다. 그리고 이렇게 눈 밝은 사람들은 대개 호기심 천국에 살고 있는 사람들이다.

조사 데이터 너머를 보는 상상력을 키워라

휴대폰이나 라면처럼 아파트도 브랜드 경쟁을 하게 되리라는 것을 십수 년 전에는 아무도 몰랐다. 그냥 '현대아파트'니 '삼성아파트'니 기업명만 말하면 되는 시절이었기 때문이다. 그런 시절에 쌍용건설 광고 의뢰를 받게 되었다. 분양을 앞두고 광고를 해야겠다는 것이었다. 기획팀이든 제작팀이든 이 프로젝트는 풀기 쉬운 숙제로 생각하는 것 같았다. 그 당시 아파트 광고는 기업의 이미지를 그대로 갖다 붙이면 됐기 때문이다. 예컨대 삼성아파트는 삼성의 첨단 이미지를, 현대는 견고함과 전통의 이미지를 팔면 됐다. 그래서 소비자 조사를 하면 쉽게 광고 방향을 잡을 수 있을 것이라 생각한 것이다.

조사 결과는 그들의 예견대로 나타났다. 지역을 배제한 아파트 선택의 제1의 조건은 기업의 신뢰이고, 그것을 보증하는 것은 튼튼함, 전통, 첨단기술 순이라고 조사 결과 집계되었다. 그래서 쌍용만의 신뢰 이미지를 어디에서 찾아야 할지를 고민하기 시작했다. "튼튼하다는 이미지는 현대가 갖고 있고, 첨단은 삼성이 갖고 있으니, 우리는 뭘 가져야 하지?" 처음 자신하던 것과는 다르게 고민의 답은 쉽게 나오지 않았다.

팀원들은 각종 조사 데이터를 다시 읽기 시작했다. 소비자 조사가 만병통치는 아니다. 때론 더욱 혼란스럽게만 만드는 것이 조사 데이터이기도 하다. 그래서 읽고 또 읽고 들여다보고 째려보고를 반복해야 한다.

우선 드러내지 않은 소비자의 마음을 찾으려 애쓰지 말고, 일단 있는 그대로의 소비자 목소리부터 다시 들었다. 쌍용의 이미지는 '거칠고 투박하다'는 것이었다. 시멘트로 대표되는 모기업 브랜드의 영향 때문이었는데, 이것이 쌍용건설 브랜드에 오버랩되면서 '신뢰'의 이미지를 형성하는 데 거부감이 들게끔 방해를 하고 있었다. 그렇다고 신뢰의 이미지를 확보하기 위해 경쟁 건설회사들이 이미 말하고 있는 견고함이나 전통 혹은 첨단을 반복하면 되는 것일까? 물론 아니다. 팀원들은 다시 원점으로 돌아왔다.

'신뢰'란 말 그대로 믿음이 가는 것이다. 믿음의 첫째 조건이 '튼튼함'이라고 답한 소비자들의 마음은 진심일까? 혹 그것이 진심이었다 하더라도 다른 조건의 답변 항목이 있었다면 어떻게 반응했을까?

우리는 신뢰에서 조금 벗어나서, 신뢰하게 되면 마음이 어떻게 되는지를 생각해보았다. '든든해진다', '편안해진다', '친근해질 것 같다'는 의견들이 나왔다. 빙고!

'튼튼함'에 갇혀서 생각하지 말고, 그 다음, 그 너머를 보는 것이 킬링 포인트이다. 튼튼하기 때문이든 전통이 있기 때문이든 최첨단이기 때문이든, 어떠한 이유에서든 간에 아무튼 신뢰를 하게 된 이후를 생각해보면 '마음이 따뜻해지는 것'이었다. 이것이라면 경쟁사들과 차별화되면서 동시에 쌍용건설의 차가운 시멘트 이미지에서도 벗어날 수 있을 터였다.

그렇게 해서 나온 컨셉워드가 바로 "아내 같은 아파트"였다. 아내처럼 '나를 알아주고, 나를 푸근하게 해주고, 없으면 안 되는' 그것을 일상의 삶터인 내 아파트에 적용한 것이다.

그런데 브리핑을 앞두고 내심 걱정되는 점이 있었다. 보수적인 건설회사의 중역들이 이렇게 소프트한 접근을 어떻게 생각할지 우려가 됐던 것이다. 요즘은 아파트 브랜드를 선택하는 데 있어서도 선택의 85%는 아내가 결정하는 세상이지만, 당시만 해도 전자제품 하나를 사더라도 "남편에게 물어보고 산다"는 대답이 50%가 넘던 시절이었다. 이런 상황에서 "아내 같은 아파트"라는 컨셉워드를 어떻게 생각할지 걱정이 됐던 것이다.

그러나 그것은 기우였다. 선견지명이 있던 최종 결정자가 흔쾌한 반응을 보인 것이다. 내숭쟁이 소비자의 겉을 보지 않고 마음속의 킬링 포인트를 찾아낸 쾌거였다. 그 후로 오랫동안 오로지 쌍용만이 "아내 같은 아파트"라는 키 슬로건을 가졌으며, 소비자에게 '아파트=성냥갑'이라는 인식을 벗어나 삶을 함께하는 친구처럼 느끼게 해줄 수 있었다.

머리 숫자가 아닌 심장 박동수를 읽어라

아직도 중요한 사안을 결정할 때에는 소비자 조사부터 먼저 시작하곤 한다. 국가 브랜드의 위상을 분석하는 데에서부터 소비자의 마음을 알고 싶은 상업 브랜드에 이르기까지, 심지어는 초등학교 학생회장 선거에도 조사가 등장하는 시대이다. 분명 소비자 조사가 기획의 첫 번째 순서인 것은 틀림없다.

그러나 숫자로 표현된 소비자의 모순된 심리를 잘 알고 있어야 한다. 조사 데이터를 읽는 많은 기획자들 역시 그 점을 알고 있다. 그러나 가끔씩 그 긴장을 놓치곤 한다. 그래서 나는 늘 머리 숫자가 아닌 심장박동 숫자를 세는 데에 힘쓰라고 강조한다. 마치 시험 같은 질문에 사람들은 학생처럼 모범답안을 뽑지만, 정작 현실을 환기시키면 본능적으로 진실이 들통나는데, 이 진실이 바로 심장박동인 것이다.

'좋아하는 브랜드'와 '구매하는 브랜드'가 다르게 나타나는 경우는 물론이고, 심지어 "이번 생일선물로 뭘 받고 싶어?"라는 질문에 "선물은 뭘… 됐어"라고 대답하는 사람의 심리와 기호를 체크해서 센스 있게 선물하는 것에 이르기까지, 심장박동을 읽는 능력은 커뮤니케이션 전문가가 아니더라도 호감형 인간이 되고 싶다면 반드시 필요하다.

말하지 않았지만 내 마음을 읽어줬을 때 감동은 증폭된다. 데이터 행간에 숨어 있는 심장박동 읽기, 이것이 상대의 마음속 킬링 포인트를 찾는 것이다.

Killing Point Checking!

조사 데이터를 창의적으로 읽고 있는가?

1 **기계적으로 자료를 해석하지 말라.** 설문조사 결과를 볼 때에도 킬링 포인트가 필요하다.

2 **숫자는 기본이지만 결코 숫자에 얽매이지 말라.** 중요한 것은 호기심이다. 그 숫자가 과연 무엇을 의미하는 것인지, 어떤 마음을 반영한 것인지를 궁금하게 여기는 호기심 말이다.

3 **오픈된 질문을 던져보라.** 질문법과 관련된 참고도서를 읽어보는 것도 좋다. 좋은 질문은 질문을 받는 사람도 몰랐던 킬링 포인트를 끄집어낼 수 있다. 좋은 질문을 던질 수 있다면 이미 절반은 성공한 것이다.

킬링 포인트를 찾기 위한 5가지 습관

킬링 포인트를 찾아내는 감각 혹은 능력을 키우는 것이 훈련을 통해 가능할까? 나는 그럴 수 있다고 자신한다. 지금까지 내가 스스로 적용해왔고 수많은 후배들에게 적용시켜온 몇 가지 습관을 소개하도록 하겠다. 이것을 그대로 따라할 필요는 없다. 중요한 것은 이것을 바탕으로, 자신만의 레시피를 만드는 것이다. 그리고 그것을 꾸준히 적용하고 스스로를 훈련하는 것이다.

첫째, 생각노트를 만들라. 이러한 제안은 많이 접했을 것이다. 그런데 신기하게도 이것을 실행한 사람과 그렇지 않은 사람은 엄청난 차이가 생긴다. 한쪽은 결과를 만들어내는 킬링 포인터가 되고, 또 다른 한쪽은 그 자리에 그대로 주저앉아 결국은 퇴보하게 된다.

'그대로'라는 것은 자동차 기어를 후진기어에 놓고 언덕 위에 있는 것과 같은 것이다. 학벌과 경력, 그리고 자존심만으로 버틸 수 없다. 생각의 힘이 경쟁력이다.

매일 아침, 눈을 뜨자마자 생각나는 모든 것을 적어보라. 그것이 하잘것없는 작은 것이라 해도 그대로 적어보라. 그 메모가 효도할 때가 반드시 온다. 우선은 글짓기 능력이 키워진다. 그 다음은 말하는 표현이 달라진다. 이 두 가지만 훈련되어도 당신을 대하는 상대의 태도는 바뀔 것이다.

나는 처음에는 잠자기 전에 생각노트를 기록하였다. 그런데 하루 일과를 끝내고 몸과 마음이 지쳐 있는 밤에 기록한 생각들은 다소 감상적이거나 넋두리로 흐르기 쉬웠다. 그래서 생각노트를 적는 시간을 아침시간으로 바꿨다. 막 눈을 뜬 아침에는 머릿속까지는 아직 눈을 뜨지 않은 상태라서 생각이 이슬처럼 투명하다. 그래서 장식하거나 꾸미지 않은 생각의 팁들이 주눅들지 않고 마구 튀어나온다. 그것들을 꾸준히 기록해놓으면 어느 날 문득 문제를 푸는 열쇠가 되기도 한다. 기획안의 전략을 세우는 데에 활용되기도 하고, 긴장되는 프레젠테이션의 오프닝을 여는 아이디어를 주기도 하며, 내가 원하는 삶이 무엇인지 막막해졌을 때 생각을 명쾌하게 정리하도록 도와주기도 한다. 생각은 생각을 낳고 또 다른 생각으로 진화한다. 그러니 머리를 가볍게 하고 부담 없이 적어보라. 그것들이 쌓이면 머리가 진화한다.

둘째, 상상놀이를 하라. 세상은 CEO에게도 정치인에게도 감성을 요구한다. 거듭된 연구 결과 밝혀진 사실은, 두뇌의 감정중추가 손상되면 웃거나 우는 능력뿐만 아니라 결정을 내리는 능력도 잃게 된다는 것이다. 신경학자 도널드 칼레는 이렇게 말했다. "이성과 감성의 근본적인 차이는 이성은 결론을 낳는 데 반해 감성은 행동을 낳는다는 점이다."

감성과 이성은 서로 연관되어 있지만, 그 둘이 상충할 때 승리하는 것은 언제나 감성이다. 순간적이고 격렬한 감성의 자극이 없다면 이성적 사고는 제 구실을 못 한다. 그렇다면 이렇게 중요한 감성을 훈련하는 방법은 없는 걸까?

나의 경우, 부단히 상상놀이를 했다. 어떤 주제를 놓고 시뮬레이션을 해도 좋다. 예를 들면 로미오와 줄리엣을 희극으로 바꿔본다든지, 혹은 못난이처럼 구석에 조용히 있었던 초등학교 시절로 들어가 자신을 인기 있는 학생으로 바꿔놓고 나와보는 것이다.

미래의 문맹자는 글을 읽지 못하는 사람이 아니라 이미지를 이해하지 못하는 사람이라고 한다. 이미지는 무엇인가? 그것은 상상을 통해 만들어낸 또 하나의 메시지이다. 상상을 잘하는 머리는 유연한 머리를 뜻한다. 이제 CEO도 더 이상 최고 경영 책임자만으로는 경쟁력이 없다. 두바이의 신화를 만든 셰이크 모하메드Sheikh Mohammad처럼 CIOChief Imagination Officer, 즉 최고 상상 책임자가 되어야 하는 세상이다. 가능한 모든 것을 상상하라.

셋째, 현장에 나가보라. 새벽시장이나 진솔한 삶의 터전으로 가보라. 좋은 영화와 음악회 등 각종 예술품을 관람하는 것은 물론 좋은 일이다. 그러나 나는 그런 활동과 함께, 삶의 본질이 숨쉬는 모습을 미장센하지 않은 상태로 관람하는 것이 필요하다고 생각한다.

대개는 건물 청소를 하는 아주머니들이 많이 타는 새벽 첫 버스를 타보라. 신사동에서 광화문을 거쳐 돌아오는 데 한 시간도 안 걸리지만, 여명에 빛을 보태는 밝은 눈빛의 아주머니들과 길거리 청소가 마무리되고 있는 버스 밖의 풍경에 취해 세상은 진지해 보이고 나의 존재는 소중해진다.

현장을 '발로 뛰는' 그만큼 진솔하고 생생해진다. 광고캠페인을 준비할 때에도 마찬가지이다. 아기 강장제 피티를 위해 출산한 임산부들을 직접 만나는 것도, 분양광고를 위해 건설 현장에 취재를 나가는 것도, 책상머리에서 조사 데이터나 들여다보면서는 결코 발견할 수 없는 것들을 현장에서 찾을 수 있기 때문이다. 현장에는 오직 그 현장에서만 느껴지는 무엇인가가 있다. 그것은 가식 없는 진솔함이다. 진솔함은 서로 융합되면 될수록 강력한 시너지를 발생하기 때문에 설득력의 강력한 뼈대가 된다. 현장에 나가 그 진솔함의 힘을 느껴보라.

넷째, 부정을 부정하라. 경험이 쌓여가면 아는 것이 많아지고, 그것이 어느 날 나의 성장을 막는 적이 되기도 한다. '~하면 안 돼.

앞의 실패 사례가 증명하잖아'라는 말은 회의 중 가장 많이 나오는 말이다. 특히 아이디어는 없고 입으로 리뷰만 하는 상사에게서 많이 나온다. 브레인스토밍을 하다보면 대개 두 가지 그룹으로 나뉜다. 일명 천사형과 악마형 그룹인데, 사실은 수호자와 살인자라는 거친 말로 불리어진다. 천사 즉 수호자는 말 그대로 누군가의 아이디어를 더 힘 있게 살려내는 유형이다. "맞아, 그건 얼마 전에 뉴스에서도 봤는데 세계적인 트렌드라고 했어요. 그걸 우리나라 형식으로 재구성해보면 어떨까요?"라는 식의 의견을 보태는 것이다. 반면 "에이, 그건 지난번 소비자조사에서도 네거티브 반응이었잖아. 그리고 그런 것은 광고주가 안 좋아해요"라는 죽이기 발언을 하는 것이 악마의 유형이다.

이런 악마적 리뷰어나 상사가 있다면 그 회의는 진도를 나가지 못한다. 제자리만 맴맴 돌다가 성과도 없이 탈진한 상태에서 회의실을 나오게 되기 십상이다. 의견이 나올 때마다 안 되는 이유부터 들이댄다면, 설령 그것이 타당한 말이라 하더라도 그 부정적 에너지가 전염되어 회의 분위기는 힘을 잃게 된다.

당신은 그 부정적인 태도를 부정하라. 그렇지 않으면 선점은 늘 남의 것이 될 것이다.

다섯째, 체력도 능력이다. 평균 수명 100세를 말하고 있는 세상이다. 지금 중년이라고? 늙은 복학생이라고? 어떠한 경우도 늦은 시간은 없다. 나이 쉰에 유학 가는 사람도 보았다. 내 의지와 상관없이 오래 살게 된 세상, 가장 중요한 것은 체력, 즉 건강이다. 몇 해 전 어깨가 아파 병원을 찾았더니 목 디스크가 올 수 있다는 진단을 받았다. 이미 목뼈는 정상적인 C컵에서 역으로 휘고 있었다. 조금 더 진행되면 수술을 해야 할지도 모른다고 했다. 게다가 얼마 전 받은 종합검진에서는 안압이 높아졌다며 녹내장이 생길 수도 있고 그것은 점진적 실명을 말하는 것이라 했다. 중년인 내 친구들은 이제 그런 것쯤은 일상적인 통보라고 했다. 그러나 나는 받아들일 수가 없었다. 나이 탓도 있겠지만, 그보다는 나의 무지와 게으름이 더 큰 원인이라는 생각이 들어서였다.

이미 목 디스크 진단이 나왔을 때, 의사는 나에게 규칙적인 운동과 적절한 수면시간을 처방했다. 운동이라면 그간 숨쉬기 운동만 해왔고 잠자는 시간은 20여 년간 하루 평균 4시간이 고작이었다. 그러니 내 생활습관부터 바꾸라는 것이었다. 그러나 연속된 피티로 곧 잊어버렸다.

2년 후 안압 상승의 진단을 받고서야 정신을 차렸다. 한 달 후면 빨래걸이로 전락한다는 운동기구를 사다놓고 시작했다. 이제 운동은 내게 식사와 같은 것이 되었다. 더 이상 디스크가 진행되지 않은 것은 물론 체지방은 줄고 근육이 키워져 10년은 젊어 보인다는 소리를 듣는다. 이뿐이랴. 알다시피 운동은 기분 좋은 호르몬을 분비한다지 않은가. 매일 즐거운 마음으로 하루를 시작할 수 있으니 운동이 엄청난 변화를 내게 제공한 셈이다.

자, 이제 킬링 포인터로 진화할 준비가 되었는가? 킬링 포인트를 찾는 힘은 하늘에서 뚝 떨어지는 것이 아니다. 습관이 마력이다. 시작하지 못할 이유가 없다. 그리하여 당신도 성공하는 기획자, 킬링 포인터로 진화하라!

Killing Point Checking!

기획력을 업그레이드하는 습관을 실행하고 있는가?

1 **생각노트를 만들라.** 매일 아침 눈 뜨자마자, 하찮다고 여겨지거나 너무 엉뚱하다고 생각되어도 일단 적어라.

2 **읽기를 게을리하지 말라.** 모든 쓰기는 읽기에서 태어난다.

3 **상상놀이를 하라.** 하나의 주제를 놓고 다양한 상황으로 시뮬레이션 해보라.

4 **현장에 나가라.** 책상머리에서는 절대로 알 수 없는 무언가가 현장에는 있다.

5 **부정을 부정하라.** 전례와 선례, 마케팅 법칙 따위를 던져버리라.

6 **운동을 하라.** 몸을 움직이라.

7 **가장 중요한 것은 실천이다.** 흘려듣지 말라. 실천을 거듭 강조하는 데는 다 이유가 있는 법. 위의 습관 중 하나라도 시작하라. 지금 당장!

킬링 포인터로 진화하라

경쟁자보다 한발 앞서나가는 성공 기획자의 비밀

Killing Point

어떤 제품에 대해 좋은 말을 하면
어느 누구도 듣지 않는다.
당신은 사람들이 가슴 깊이 느낄 수 있도록
말할 줄 알아야 한다.
느끼지 못하면 아무 일도 일어나지 않는다.

—윌리엄 번바크

Killing Point

01 자기 진단

나는 킬링 포인터Killing Pointer가 될 수 있을까?

1장에서 킬링 포인트가 무엇인지, 킬링 포인트를 어떻게 찾아야 하는지를 살펴보았다. 성공 기획은 킬링 포인트를 찾는 것에서 시작한다. 킬링 포인트를 볼 줄 아는 기획자, 그가 바로 킬링 포인터이다. 이제 평범한 기획자에서 진화하여 킬링 포인터가 되어야 한다.

전략 제1조건으로 흔히 쓰이는 말이 있다. 지피지기면 백전백승! 킬링 포인터가 되려면 나를 먼저 알아야 한다. 킬링 포인터가 된다는 것은, 결국 상대를 설득하여 내 편으로 만드는 마력을 갖는 것이다. 그렇다면 나의 매력 포인트가 무엇인지, 즉 상대에게 어필할 나만의 킬링 포인트가 무엇인지를 먼저 알아야 한다.

평범한 기획자의 틀 안에서 머물러 있는 지점은 어디인가? 킬링 포인터로 진화하기 위해 나에게 필요한 것은 무엇인가? 나만의 킬링 포인트를 아는 것이 성공하는 기획자로의 첫 발걸음이다.

상황과 상대에 맞게 나를 어필하는 법을 아는가?

우선 짚어볼 것이 첫인상이다. 첫인상은 4초 만에 결정된다는 연구 결과가 있다. 그리고 한번 형성된 첫인상은 웬만해서는 바꾸기 어렵다. 왜 첫인상은 쉽게 바뀌지 않을까? 우리의 두뇌에 처음 입력된 정보가 나중에 입력된 정보보다 훨씬 더 중요하게 작용하기 때문이다. 이를 '초두효과Primacy Effect'라고 한다. 첫인상은 이 정도로 중요한 킬링 포인트이다.

그런데 첫인상에 대해 이야기하면 사람들은 흔히 외모와 옷차림만을 한정해서 생각한다. 그러나 첫인상은 단지 외모와 관련된 문제만이 아니다. 외모와 옷차림은 물론이고, 첫 인사를 어떻게 하느냐, 첫 서두를 어떻게 떼느냐까지도 첫인상을 결정짓는 중요한 요소이다. 프레젠테이션에서는 첫 등장이 첫인상을 좌우할 수 있다. 따라서 무대 중앙으로 나오는 걸음걸이부터 첫 멘트까지도 아이디어가 필요하다. 결국 '첫인상'은 상황과 상대에 맞게 가장 효과적으로 자신을 어필하는 총체적인 '자기표현력'의 문제라고 할 수 있다.

십대를 겨냥한 휴대폰 브랜드 피티에서, 우리의 컨셉은 '시선을 즐기는 그들'이었다. 프레젠터인 나는 등장을 뒤에서부터 시작했다. 그리고 내가 앞으로 걸어나오는 동안 화면에 각 시대 젊은이들의 아이콘을 슬라이드 쇼로 보여주었다. 비틀즈, 제임스 딘, 서태지 등의 인물사진부터 할리데이비슨 족, 컨버터블카를 탄 채 스피드를 즐기는 사람, 찢어진 청바지를 입은 젊은 CEO 등 제품의 타깃인 십대들이 소위 '폼' 난다고 생각하는 이미지들을 강렬하게 보여주면서, 뒤에서부터 등장한 내가 무대 중앙에 이르러서 "우리의 타깃은 이들처럼 시선을 받고 싶어하는 사람들입니다"라고 말문을 열며 첫 인사를 했다. 빽빽한 시장환경 분석표를 들이대면서 시작할 것이라는 상식을 깬 출발이었으니, 당연히 집중력이 높아졌다. 그리고 대개의 경우 첫 시작에서 집중이 잘 되면 끝까지 설득도 잘 된다. 첫인상을 잡는 것, 그것이 바로 킬링 포인트인 것이다.

그런데 강력한 첫인상을 만든다는 것이 말처럼 쉬운 일은 아니다. 우선 자신에 대해 객관적 검토가 필요하다. 이러한 일은 전문가를 통해 컨설팅을 받는 것이 가장 좋겠지만, 이미지 컨설턴트가 아니더라도 상사나 동료에게 평가를 요청하는 것도 좋다. 주변 사람들의 눈은 날카로운 법이다. 그들은 스스로 인지하지 못하고 있는 나의 모습을 정확하게 파악하고 있는 경우가 많다.

여기에서는 내가 훈련시킨 킬링 포인터들의 사례를 통해 첫인상을 결정하는 자기표현력을 어떻게 길러야 할지에 대해 설명해보겠다.

말의 내용보다 더 중요한 것은?

먼저, 광고회사의 AE 김 부장의 경우이다. 김 부장은 말의 속도가 문제였다. 흔히들 신경 쓰지 않고 넘어가는 부분이지만, 실제로 인상을 결정짓는 중요한 요소 중 하나가 바로 말의 톤과 속도이다. 김 부장은 언제나 말의 양이 많고 속도가 빨랐다. 그가 브리핑을 할 때면 듣는 사람이 숨이 가쁘고 집중이 어려웠다. 상황이 이러하니, 그가 얼마나 괜찮은 아이디어를 내든 간에 그의 주장은 잘 먹히지 않았다. 빠른 속도로 많은 말을 쏟아내는 김 부장의 브리핑을 듣고 있다보면 가슴이 답답해오고 짜증이 치밀어오르는 지경이 되니, 그에게 설득이 되기란 요원한 일이었던 것이다.

그를 교정훈련에 참여시키기 위해 나는 일단 그와 면담을 했다. 그리고 이야기를 나누면서 나는 그의 발표태도가 어릴 적 환경의 영향이란 걸 알게 되었다. 엄한 아버지와 형님 밑에서 언제나 자신의 발언 기회가 없었던 그는, 어려서부터 뭔가 의견을 내려면 짧은 시간에 스피디하게 말을 해야 했던 것이다. 교정이 필요한 것은, 말의 속도가 아니라 이제는 없어져도 될 그의 조급한 마음이었다.

나는 그를 회의실이 아닌 삼겹살집으로 초대했다. 저녁나절부터 한밤중이 되기까지 그와의 대화는 계속되었다. 나는 가능한 그의 이야기를 많이 들어주고 그의 말에 칭찬을 아끼지 않았다. 실제 훈련은 다음날부터 시작되었지만, 이미 그날 밤 반은 이룬 것이나 다름 없었다. 스스로도 잘 몰랐던 자신의 커뮤니케이션 태도에 대해 보게 하고 그 원인에 대해 공감하게 했더니, 그는 의식적으로 순화되기 시작했던 것이다. 예전의 그의 상사들은 그가 프레젠터로는 치명적 단점이 있다고 판단하여 기회를 주지 않았다. 하지만 현재 그는 잘 나가는 프레젠터이다.

지금 당신의 인상이 바로 당신의 설득력이다

두번째 사례인 한세진 씨는 지인을 통해 알게 된 서른한 살의 컴퓨터그래픽 디자이너였다. 굳이 나에게 교정훈련을 부탁한 이유는 그녀가 도통 남자를 사귀지 못한다는 것이었다. 말수가 적고 말주변이 없어서 그러니 그녀를 표현 잘 하는 사람으로 만들어달라고 했다. 그런데 한세진 씨를 첫 대면하는 자리에서, 단지 표현력이 부족한 탓이 아니라 보다 본질적인 문제가 있다는 생각이 들었다.

내가 본 그녀는 표정이 없었다. 본인도 나를 만나길 원했다고 하니 이 자리가 싫은 것은 아닐 텐데, 마치 억지로 끌려나와 있는 것처럼 무관심한 표정이었다. "컨디션이 안 좋은가요?" 하고 물으니, "아니요"라고 짧게 끊어 대답하고는 다시 입을 다물었다.

왜 그럴까? 일단 나는 그녀를 차에 태우고 바람 좋은 한강 둔치로 나가 한적한 곳을 찾아 나란히 앉았다. 서로 얼굴을 마주보고 있는 것이 아니니 그녀가 심적으로 좀더 편안해지지 않을까 싶어서였다.

그리고 닫힌 공간이 아니니 마치 인터뷰를 당하는 듯한 강박관념에서도 조금은 벗어날 수 있을 것이었다. 그렇게 나는 오후에 나와서 황혼이 지고 어둠이 내릴 때까지 그녀와 이야기를 나누었다.

그녀에게 특별히 우울한 과거나 상처가 있는 것은 아니었다. 다만 집안 식구들 모두 표정이 없고 서로 대화가 없는 분위기에서 자랐다는 것이다. 사실 한국의 대다수 가정의 분위기가 이러하지 않을까? 얼마 전 텔레비전을 보다가 얼굴 표정을 바꿔주는 프로그램을 본 적이 있는데, 백인은 입꼬리가 위로 올라가 있고 흑인들은 입꼬리가 평형인 반면, 한국 사람들은 입꼬리가 아래로 처져 있다고 한다. 그만큼 우리나라 사람들 인상이 무표정하고 뚱해 보인다는 말이었다. "개구리 뒷다리~"라고 말하면서 마지막 "리" 발음에서 15초 동안 멈추면 자연스럽게 입꼬리가 올라가고 눈에 커져서 웃는 인상이 된다는 것이었는데, 이것만 꾸준히 연습했는데도 참가자들의 인상이 몰라보게 밝게 바뀌었다. 개구리 뒷다리든 치즈든 김치든, 눈을 크게 뜨고 입꼬리를 올리는 연습을 틈날 때마다 해보라. 어느 순간 사람들이 "무슨 좋은 일 있어요?"라고 물어올 것이다. 인상이 밝아지면 호감은 자연스럽게 따라온다. 그리고 사람은 호감을 느끼는 상대에게 더 잘 설득된다.

나는 한세진 씨에게 자기표현력을 높이기 위한 프로그램을 짜주었다. 먼저, 매일 아침 일어난 즉시 아침노트를 쓸 것. 아무것이나 생각나는 대로 쓰는 것이다. 하찮은 것도 상관없다. 눈을 뜨자마자 바로 쓰는 것은 잡념이 스며들 틈을 주지 않는다. '뭘 써야 하지?', '잘 써야 하는데…', '문장이 이게 맞아?' 등등 표현에 대한 부담감과 강박에서 자유로울 수 있게 된다. 그러다보면 나날이 표현은 나아질 것이며 매일 써도 쓸거리가 나온다는 것에 신기하기까지 할 것이다. 아침노트를 썼으면 그것을 큰 소리로 읽는다. 밥 먹을 때 말고도 자꾸 입을 열고 움직여야 근육도 자연스럽게 인식하게 되기 때문이다.

그리고 일주일에 책을 두 권씩 읽도록 했다. 심리학을 기반으로 한 자기계발서와 감정이 잘 표현된 국내소설 위주였는데, 심리학을 근거로 한 것은 자신뿐만 아니라 상대의 마음을 읽을 수 있는 훈련이 될 수 있기 때문이며, 국내소설의 경우 좋은 우리말 표현을 습득하는 것은 물론, 감정을 표현하는 커뮤니케이션 스킬을 익힐 수 있기 때문이다.

마지막으로 매주 토요일 밤 12시부터 나와 전화통화를 하기로 했다. 자주 만날 시간이 없어서 생각해낸 것이었다. 표정을 보는 것도 중요하지만 말이 많아지고 이야기할 내용이 생기면 표정도 그에 따라 변하게 된다. 한 달에 한 번씩 만날 때마다 그녀의 표정은 몰라보게 변화했다. 그렇게 석달이 지나갔다. 그녀는 조금 과장하자면 수다쟁이가 되어 있었다. 지금 한세진 씨는 이미지 컨설팅 회사에서 얼굴 이미지를 시뮬레이션하는 컴퓨터그래픽 디자이너로 일하고 있으며, 예쁜 딸을 둔 엄마이기도 하다.

첫인상은 단순한 외모의 문제가 아니라 나 자신을 어떻게 표현할 것인가와 관련된 총체적인 자기표현력의 문제이다. 따라서 첫인상을 구성하는 태도, 말씨, 눈빛, 심지어 복장까지도 단순히 외적인 것이 아니라 자신의 내면과 관련되어 있다는 사실을 알아야 한다. 그렇기 때문에 첫인상을 결정짓는 원인은 대부분 겉 그 자체에 있지 않다. 자신의 내면을 만든 '원인'을 이해하게 되면 겉을 움직이는 건 아주 간단한 일일 수 있다. 첫인상을 바꾸고 싶은가? 그렇다면 먼저 스스로의 내면을 들여다보라. 문제도 답도 거기에 있다.

두 번째로, 같은 말이라도 어떤 톤과 속도로 말하는지가 매우 중요하다. 말의 톤과 속도의 문제는 객관적으로 조언해줄 수 있는 상사나 동료의 도움을 받으면 된다. 혹은 자신의 프레젠테이션 모습을 비디오로 찍어서 스스로를 객관적인 입장에서 보는 것만으로도 큰 도움을 받을 수 있다. 이와 함께 좋은 롤모델이 될 만한 비디오 자료나 영화의 한 장면을 자신의 태도와 비교해보면서 반복적으로 수정해가면 크게 발전할 수 있다.

마지막으로 당신의 표정을 체크해보라. 표정은 첫인상뿐만 아니라 그 이후 상대를 대면할 때마다 느끼는 첫 반응무의식적으로 유도되는 긍정적 혹은 부정적 반응을 자극하기 때문에, 표정이야말로 대인관계에서 중요한 킬링 포인트이다. 늘 유쾌한 표정의 사람과 어둡고 자신감 없는 표정의 사람 중 당신이라면 누구와 만나길 원하겠는가? 표정은 유전적으로 구성된 얼굴근육과도 관계가 있지만, 무엇보다 내면과 밀

접한 관계가 있다. 따라서 자신이 표정이 좋지 않다고 생각한다면, 먼저 자신의 내면을 이루는 요소들을 점검해보라. 내면의 발견을 위해서는 전문가의 상담이나 심리학 관련 서적을 통해서 도움을 받는 것도 좋은 방법이다. 부정적인 원인을 이해하고 이를 극복하기 위해 지속적인 표정 관리 훈련을 하라. 평소 많이 웃고 작은 것에 감사하는 습관을 들이라. 지금 당신의 표정이 당신의 킬링 포인터로서의 지표이다.

Killing Point Checking!

강력한 첫인상을 만드는 킬링 포인트

1 **등장에서부터 첫 인사말, 브리핑의 서두까지 전략적으로 하라.**

2 **말의 속도와 톤이 중요하다.** 말의 속도가 너무 느리거나 빠르지 않은지, 말의 톤이 너무 낮거나 높지 않은지 체크하라.

3 **말의 속도나 톤의 문제는 마인드의 문제이다.** 불안하고 조급해서 말을 빠르게 하는 것은 아닌가? 자신이 없고 눈치를 보다보니 목소리 톤이 자꾸 낮아지는 것은 아닌가?

4 **많이 웃어라.** 입꼬리를 올리고 눈을 크게 떠라. 감사할 거리를 열심히 찾아라. 웃는 인상이 되면 사람들이 나에게 호감을 느끼고, 나의 설득력은 자연스럽게 올라간다.

커뮤니케이션의 눈치를 키워라

기획자에게 자기표현은 매우 중요하다. 머릿속에 있는 아이디어를 언어로 표현해야 하기 때문이다. '자기표현력'은 어필하는 능력이다. 그런데 흔히들 자기표현력에 대해 잘못 생각하는 부분이 있다. 자기표현력이 좋은 사람은 외향적이고 적극적인 성격의 소유자라는 것과, 자신이 하고 싶은 말을 잘 하는 것이 자기표현력이 좋은 것이라는 오해가 바로 그것이다.

'너'를 표현하는 감각 키우기

프레젠테이션을 두려워하는 기획자들에게서 가장 많이 듣는 말이 바로 '소심해서', '내성적이어서' 말을 잘 못한다는 것이다.

그런 변명 뒤에는 외향적인 성격이 자기표현력도 뛰어나다는 오해가 전제되어 있다. 그러나 실상 자기표현력은 성격과 상관이 없다. 말수가 적은 조용한 성품의 사람이 하는 결정적인 말 한마디가 오히려 더 강력한 영향력을 발휘하는 경우를 본 적이 있지 않은가. 요는 그 말이 킬링 포인트를 정확히 짚어냈느냐의 문제이지 성격이 활발하고 목소리가 크다고 되는 문제가 아니라는 것이다.

사실 자기표현력은 눈짓, 몸짓, 표정, 분위기 등 언어로 표현되지 않은 '비언어적 표현'을 읽는 통찰력의 문제이다. 상황을 읽어내는 감각, 즉 심리학에서 말하는 '비언어적인 감성능력을 캐치하는 감각'이 중요한 것이다. 실제로 자기표현이 뛰어나고 설득력이 높은 사람은 상황을 잘 읽는 사람이다. 상황파악을 제대로 못 해서 난감한 경우를 당하는 사람들이 의외로 많은데, 이런 사람은 남을 설득하는 능력은커녕 왕따를 당하지 않으면 다행이다. 이와는 반대로 상황파악의 명수들이 있다. 이런 사람들은 공감능력이 뛰어나기 때문에 어딜 가나 인기가 좋다. 상황의 킬링 포인트를 잘 읽는 사람이다.

자기표현에 대한 두 번째 오해는, 내가 하고 싶은 말을 잘 전달해야 한다는 생각이다. 그런데 자기표현력이 뛰어나다는 것은 자신이 하고 싶은 말을, 자신이 하고 싶은 방식대로 하는 것이 결코 아니다. 같은 단어라도 사람마다 떠올리는 이미지가 다르고 받아들이는 의미가 다르다. 각자의 틀 안에서 의미를 해석하기 때문이다.

내가 A를 말했다고 해서 듣는 사람도 A로 알아들었을 거라고 생각하면 큰 오산이다.

진정한 자기표현은 상대가 궁금해하고 듣고 싶어하는 말을, 상대가 알아들을 수 있는 방식으로 하는 것이다. 비위를 맞추라는 말이 아니라, 상대의 니즈needs와 원츠wants를 나는 무엇이라고 파악했는지, 그 이유는 무엇인지를 말하라는 것이다. 궁극적으로 자기표현은 나를 중심으로 나의 관점에서 생각하고 말하는 것이 아니라, 상대를 중심으로 상대의 관점에서 생각하고 표현하는 것이다. '나를 표현하는 것'이 아니라 '너를 표현하는 것'이다. 이럴 때 비로소 킬링 포인트가 보인다.

텔레비전 볼륨을 줄여라, 통찰력이 커진다

심리학자 스나이더는 다른 사람의 감정 상태를 재빨리 읽어내고 그 사람에게 자신이 어떤 모습으로 비치는지를 정확하게 파악하여, 상황에 맞게 자신의 행동을 조절할 수 있는 능력을 '자기감찰능력 Self-monitoring capacity'이라고 했다. 이민규 박사는 이것을 쉽게 말해 '눈치'라고 했다. 결국 자기표현력이 뛰어나려면 눈치를 키워야 한다. 그렇다면 이러한 능력을 키우는 훈련은 가능할까? 물론 가능하다.

우선 관찰습관을 가져야 하는데, 비디오 훈련방법을 추천한다. 이것은 나 자신뿐만 아니라 후배들에게도 즐겨 적용하는 훈련방법인데, 그 효과가 대단하다. 예를 들면 DVD나 텔레비전으로 영화를 볼 때, 소리를 아예 없애고 비주얼만 보는 것이다. 처음에는 좀 답답하지만 한참을 보면 손짓과 표정으로만 드러나는 비언어적 메시지에 집중하게 된다. 이것을 수없이 반복해서 보라. 믿을 수 없을 만큼 놀라운 효과를 보게 될 것이다. 어떤 그룹의 총수는 직원 면접을 볼 때 본인 대신 질문할 사람을 옆에 앉혀놓고, 정작 본인은 면접자의 표정과 태도만을 관찰한다고 한다. 말은 의도적으로 포장할 수 있지만, 비언어적 메시지는 의도를 감추기 어렵기 때문에 그 사람을 정확히 파악하는 킬링 포인트가 될 수 있는 것이다.

나는 특히 신입사원에게 비디오 훈련을 많이 한다. 대화가 많은 영화의 장면들을 편집하여 소리를 없애고 보여주면서, 그 상황이 어떤 상황인지 그리고 주인공의 캐릭터는 어떠한지 분석하라고 한다. 처음에는 화난 표정이나 웃는 장면과 같이 누가 보더라도 알아차릴 수 있는 것만 눈에 보인다. 그러나 훈련을 반복하다보면, 점차 눈에 보이는 것들이 많아짐을 느끼게 된다. 누구나 알 수 있는 커다란 표정뿐만 아니라 의도를 숨긴 듯한 의미심장한 작은 표정과 몸짓까지도 읽을 수 있게 되는 것이다. 비언어적 상황을 읽는 통찰력이 훈련을 통해 계발되기 때문이다.

당신의 대화 모습을 촬영하라

비디오 훈련을 통해 비언어적 메시지에 대한 감각을 어느 정도 키웠다면, 이제 자기 자신을 객관적으로 관찰할 필요가 있다. 자신의 대화 모습을 촬영해서 모니터링을 하는 것이다. 내가 프레젠터를 교육할 때 자주 쓰는 방법인데, 교정해야 할 부분을 지적하면 "전 그렇지 않은데요"라며 인정하지 않다가도, 본인의 모습을 찍은 비디오를 보는 순간 교정의 필요성을 깨닫고 자발적으로 훈련에 참여한다. 자신을 다시 보기 한다는 것은 자기발전에 그만큼 효과적이다.

대통령 후보에 출마한 분의 커뮤니케이션 훈련을 한 적이 있다. 텔레비전 토론을 앞두고 나에게 훈련을 요청해온 것이다. 경쟁력 있는 공약도 물론 중요하지만, 전국으로 방송되는 텔레비전 토론에서 좋은 이미지로 어필하는 것은 무엇보다 중요한 문제이기 때문이었다. 일단 그분의 연설 모습을 모니터링한 후, 말의 속도가 느리고 표정과 움직임이 없어 듣는 사람을 배려하지 않는 권위적인 모습이라고 평가했더니, "나는 절대 권위적인 사람이 아니다"라면서 불편한 심기를 드러냈다. 그래서 그 후보가 토론 연습하는 모습을 촬영하고 좋은 토론자의 샘플을 함께 비교 편집한 후, 이것을 유권자 10여 명에게 보여주고 소감을 말해보라고 하였다. 그리고 유권자들이 평가하는 목소리를 함께 편집해서 그 비디오를 후보에게 보여주었다.

"권위적이고 답답해서 무슨 얘기를 하는지 집중이 되지 않는다."

조사대상 유권자들로부터 내가 예견한 것보다 더 강도가 센 평가가 나왔다. 유권자들의 목소리를 가감 없이 들려주자 그는 비로소 설득이 되었다. 곧바로 교정 스케줄이 잡혔고, 나날이 발전하는 그의 모습을 텔레비전에서 확인하고 보람을 느낀 적이 있다. 이처럼 자신의 커뮤니케이션 태도를 객관적으로 보는 것이야말로, 다른 사람을 설득하는 킬링 포인트를 잡아내기 위한 첫 걸음이 된다.

'경청', 킬링 포인터로 진화하는 비결

직장인 설문조사를 해보면, 함께 대화하기 싫은 사람 중의 하나가 바로 자신의 이야기만 하는 사람이다. 이런 사람은 자신이 말하고 있는 내용을 듣는 사람이 어느 정도나 받아들이고 흡수하고 있는지를 모른다. 한마디로 눈치가 없는 것이다. 그렇기 때문에 듣는 사람의 반응이나 분위기는 아랑곳하지 않은 채 자신의 말만 계속해서 쏟아낸다.

커뮤니케이션의 킬링 포인트를 잡으려면 내가 하고 싶은 말을 적당한 선에서 끊을 줄 알아야 한다. 그리고 상대의 말을 잘 들어야 한다. 집중해서 경청할 때 비로소 그 사람의 마음속 깊숙이 감춰진 킬링 포인트가 보인다. 그 킬링 포인트를 찌르는 질문을 던지고 그에 대한 해결책을 제시하면서 대화를 이끌어나가면, 듣는 사람은 당신을 신뢰하게 된다.

잘 들어주고 가려운 곳을 시원하게 긁어주고 핵심을 짚으면서 대화를 이끌어나가는 사람과는 누구나 대화하고 싶어지는 것이 당연한 이치이다. 자꾸 대화하고 싶어지는 사람, 만나고 싶은 사람이 되면 그 신뢰와 충성도만큼 나의 설득력은 올라간다. 대화 중 상대의 킬링 포인트를 읽는 감각, 즉 '눈치'를 키우라. 당신에 대한 호감치가 올라간다. 호감치가 올라가면 설득력이 배가된다. 그만큼 당신은 킬링 포인터로 한 단계 진화하는 것이다.

Killing Point Checking!

자기표현력을 높이는 킬링 포인트

1 **자기표현력은 성격과 전혀 상관없다.** 소심하고 내성적이라는 변명을 던져버리라.

2 **자기표현력은 자기를 표현하는 것이 아니라, 상대의 니즈와 원츠를 표현하는 것이다.** 자기표현력이 높은 사람은 상대가 듣고 싶어하는 말, "바로 그거야!"라고 공감할 답을 주는 사람이다.

3 **텔레비전을 볼 때 볼륨을 줄이자.** 오디오 없이 비디오만 보는 훈련을 하다보면, 비언어적 메시지를 캐치하는 통찰력이 눈에 띄게 향상된다.

4 **자신의 대화 태도나 설명하는 태도를 비디오로 찍어서 객관적으로 모니터링해보자.** 요즘은 휴대폰의 동영상 기능이 워낙 뛰어나니, 주변 사람에게 휴대폰으로 자신의 모습을 찍어달라고 부탁해도 좋다.

5 **말을 많이 해야 한다는 강박에서 벗어나라.** 집중해서 들으면 반드시 필요한 질문과 답을 할 수 있다. 경청이야말로 킬링 포인터가 되는 중요한 방법이다.

킬링 포인터로 진화하는 4단계

기획안을 준비한다는 것은 그 프로젝트의 결과를 볼 때까지 일군의 팀이 일사분란하게 움직이는 공동작업인 것은 분명하다. 그러나 실제 기획 과정의 마침표는 경쟁 프레젠테이션 당일의 프레젠터가 찍게 된다. 그래서 프레젠터는 막중한 역할이며 아무에게나 시킬 수 없다. 우선 프로젝트 전체를 꿰고 있어야 하며, 진행을 리드해야 하고, 발표 상황이나 청중들의 반응에 따른 킬링 포인트를 정확히 짚어낼 줄 알아야 한다. 한마디로 프레젠터는 킬링 포인터여야 하는 것이다.

현재 나는 프로젝트의 전 과정을 체크하고 리뷰하고 관리 감독하는 직책에 있지만, 그럼에도 여전히 경쟁 프레젠테이션에 프레젠터로 서고 있다. 그렇게 20여 년을 설득의 무대에 서오면서 뼈아픈 실패도 겪었지만 그것과는 비교도 안 될 승리의 쾌감을 더 많이 경험했다. 그러면서 '피티 여전사'라는 별명까지 얻게 되었다.

그러다보니 어느 때부터인가 프레젠테이션을 주제로 강의를 해달라는 섭외가 여기저기에서 들어오기 시작했다. 그런데 프레젠테이션 전체 과정 중 가장 설명하기 어려운 것이 바로 프레젠테이션 스킬이다. 전략 도출이나 차별화된 기획서를 만드는 것도 물론 힘든 일이지만, 그래도 그것을 강의하는 것은 어렵지 않다. 사례를 통해 얼마든지 쉽게 이해시킬 수 있기 때문이다.

그러나 프레젠테이션 스킬은 태도, 목소리, 제스처 등 몇 가지 요소에 따른 간단한 공식으로 해결될 일이 아닌, 또 다른 영역의 감각이다. 피티는 매번 상황이 다르고, 매번 듣는 사람의 반응이 다른, 예측불허의 전쟁터이기 때문이다.

강의를 하면서 나는 이왕 하는 것 나만의 교재를 만들어보자는 마음으로 하나씩 정리를 하기 시작했다. 청중에 따른 구분, 업종에 따른 구분, 시간대와 경쟁사 수에 따른 구분, 프레젠터의 개성을 살리는 것, 질의응답 매너, 위기상황 대처법까지, 프레젠테이션과 관련된 항목들을 세세히 구분하고 구체적으로 써내려갔다. 이렇게 하나하나 정리하다보니 나는 이것을 실험해보고 싶은 욕구가 생겼다. 새로운 킬링 포인터를 조련해보고 싶은 욕심이 생긴 것이다.

청중을 끌어들일 매력과 통찰력 키우는 방법

내 곁에 있어야 수시로 코치할 수 있을 테니, 그 후보는 회사 내에서 찾기로 했다. 학력, 경력, 성별 등의 형식적인 기준은 없었다. 하지만 쾌활하고 용기백배하지만 설렁설렁한 캐릭터보다는, 꾸준한 열정이 있고 깊이 있게 고민할 줄 아는 사람이 더 가능성이 있다. 프레젠터는 태도나 성격과 같은 외형적인 스킬보다는, 통찰력과 순발력으로 상황을 정확히 파악하고 대처하는 잠재력이 크면 클수록 매력도가 올라가기 때문이다. 매력도란 설득력에 다름 아니다. 그리고 이것은 수려한 외모나 유창한 언변, 혹은 외향적인 기질만으로는 기대할 수 없는 경쟁력이다.

나는 카피라이터 김 차장을 선택했다. 그녀는 말수가 적은 편이지만 그렇다고 적극적이지 않은 것은 아니었다. 사람들은 목소리가 크고 자기 주장이 강한 캐릭터를 적극적이라고 오해하는 경향이 있다. 그러나 적극적이라 함은 자신의 의지와 목적을 관철시키고자 하는 열의 그 자체를 의미한다. 큰소리로 싸워서 관철시키려는 사람이 있는가 하면, 조용히 꾸준하게 결과를 향해 다가가는 사람도 있다. 나는 후자 쪽을 더 좋아한다. 그들은 겉으로만 보이는 에너지, 소위 겉만 불타는 에너지를 갖고 있는 사람보다 목적을 달성하기까지 쉽게 지치지 않는다. 그렇기에 코칭하기에 후자 쪽이 처음에는 어렵지만 기대하는 결과를 만들어낼 확률이 더 높다.

이제 킬링 포인터 만들기 프로젝트가 시작되었다. 킬링 포인터로서 프레젠테이션에 선다는 것은 무엇일까? 사실 프레젠터는 단지 준비한 기획서를 그대로 읽는 발표자가 아니다. 프레젠터는 설득자이다. 그렇기 때문에 프레젠터는 킬링 포인터가 되어야 한다. 설득한다는 것은 나에게 끌리게 하는 것이고 내 의견에 동의하게 만드는 것인데, 그것은 문제의 킬링 포인트를 정확히 공략할 때만이 가능하기 때문이다.

1단계, 자신의 의사를 표현하는 일. 대부분 사람들은 자신의 의견을 잘 전달하기 위해 정확히 또박또박 말하는 데에만 신경을 쓴다. 그런데 소리를 정확하고 또박또박 내는 것보다 더 중요한 것은, 그 내용이 상대방에게 정확히 또박또박 들어가도록 해야 한다는 점이다. 이 점을 잘 깨닫지 못하니, 자신이 쓴 기획서대로만 전달하면 된다는 오류에 빠지게 된다. 내용이 동일한 원고라 하더라도 듣는 상대에 따라 그 내용을 전달하는 은유의 양과 질, 소리의 크기와 표정의 강약까지 달라져야 한다.

그렇기 때문에 기획서가 완벽히 정리되었다 하더라도 발표하기 전에 새롭게 재구성해야만 하는 것이다. 기획서의 활자를 청중의 유형에 알맞은 크기로, 동영상이나 프로젝터를 활용한 비주얼 자료는 적절한 설명을 가미하여 오디오 플러스 비주얼로, 심지어는 청중의 관심을 환기시켜 집중도를 지속적으로 유지하기 위한 적절한 애드립까지, 몇 장의 기획서를 일련의 프레젠테이션 상황 자체로 재현하여 재구성해야 하는 것이다.

2단계, 청중을 파악하는 일. 사람들은 '내가 설명하는데 당연히 다들 잘 듣고 있을 것'이라고 믿는다. 하지만 사람은 그리 오랜 시간 집중하지 못한다. 준비해온 기획서일지라도 단조롭게 느껴지면 건너뛰거나 교체할 수 있는 유연성과 임기응변력이 있어야 한다.

3단계, 사소하지만 중요한 요소인 옷차림, 발성, 제스처. 자신의 의사 표현을 청중을 파악하면서 유연하게 한다고 해도, 옷차림, 발성, 움직임 등 이미지를 형성하는 포장의 요소가 화룡점정 역할을 하니 결코 간과해서는 안 된다.

김 차장은 3주간 거의 매일, 업무가 끝난 후 남아서 내가 내준 과제를 풀고 연습에 연습을 거듭했다. 그리고 나는 김 차장의 변화된 모습을 일주일에 한 번씩 비디오 카메라로 촬영한 후 그것을 함께 보며 평가하고 교정하는 과정을 반복했다.

그리고 마침내 작은 브리핑 자리에 김 차장이 서게 되었다. 많은 부분을 반복 연습했기 때문에 나는 그녀가 잘 해내리라 생각했다. 그런데 예상치 못한 문제가 숨어 있었다. 바로 무대공포증이었다.

이것은 누구에게나 있을 수 있는 일이다. 그런데 사람들은 이런 대인공포증이나 무대공포증이 무조건 많은 경험을 통해 극복된다고 믿는다. 그러나 얼마나 많이 해야 할까? 한 번 물에 빠진 경험으로 수영공포증이 생긴 사람이 있다고 하자. 그 사람은 그 공포를 극복하기 위해 무조건 열심히 수영을 하면 극복이 될까?

이럴 경우 극복해야 한다며 무조건 당사자를 압박하는 것은 좋은 해결책이 아니다. 그 공포증을 어떻게 해결할지에 대한 해석의 차이가 결국 해결의 차이를 만들어낸다. 해결책은 내면에 있다. 찬찬히 안을 들여다보면 거기에는 반드시 이유가 있다. 따라서 풀어낼 실마리만 찾으면 된다.

김 차장은 서울 근교의 대학을 나왔는데, 서울 명문대 출신의 형제들 속에서 언제나 스스로를 평가절하하며 성장했다. 집안의 위신을 깎아내린 존재라고 생각하며 스스로를 위축시켜왔던 것이다. 이것이 자신감 결여로 연결되어, 그녀는 어떤 상황에서나 자신의 존재를 드러내지 않았다. 청중 앞에 당당하게 서서 발표하는 것에 익숙지 못할뿐더러 스스로를 존중하고 사랑하는 법을 배우지 못한 것이다. 그럼에도 불구하고 자신의 한계를 벗어나보려고 나의 제안에 용기를 내어 응했던 것이었다.

나 역시 또래보다 일찍 초등학교를 입학하여 지진아처럼 보낸 시절이 있었다. 그 당시 나는 매일 아침 담임선생님의 출석 호명 때마다 지적을 받았는데, 소심한 나는 가슴을 졸이며 내 차례를 기다리다가 정작 내 이름이 불릴 때는 거의 실신 직전에 다 기어들어가는 목소리로 대답을 하곤 했던 것이다. 그랬던 나였기에, 나는 그녀에게도 나처럼 극복의 기회를 주고 싶었다. 기획자로 살려면 설득의 자리를 피할 수 없기에, 무대공포증은 반드시 넘어야 할 산인 것만은 분명했다.

4단계, 무대공포증 극복하기. 우선 나는 그녀에게 자기계발서 10여 권을 읽게 했다. 대체로 자기계발서들을 보면 저자의 성공 결과에 따라 지침 내용이 담겨 있다. '카네기의 스피치론'이든 '모모씨의 리더십'이든, 그 저자가 이루어놓은 결과를 신뢰하기 때문에 그가 제시하는 논리도 먹히는 것이다. 예컨대 적극적인 태도를 요구하는 강력한 리더십 책이 팔리다가도, 아주 소심하고 나서지 않는 사람의 성공담이 '소심 리더십'이라는 타이틀로 회자되기도 한다. 결국 고정된 리더십은 없는 것이다. 모든 것은 변화될 수 있으며, 자신의 한계와 약점은 강점으로 전환될 수 있다. 나는 이런 메시지를 그녀가 깨닫도록 하기 위해 자기계발서를 읽게 했다.

그리고 자신의 스토리를 자서전처럼 쓰게 했다. 분량이 얼마가 됐든 상관없이 자신의 과거를 마치 스크린을 통해 영화를 보는 것처럼 그냥 써나가는 것이다. 그리고 나 또한 나의 스토리를 써서 그녀에게 보여주었다. 그녀와 별반 다르지 않은 나의 이야기를, 특별한 재능으로 풀려온 내가 아님을.

이런 과정을 거치면서 김 차장은 조금씩 달라졌다. 내가 가장 중요하게 생각하는 것은 자신의 존재감이고, 자신의 존재를 소중하게 다루어야 한다는 것이다. 남에게 해를 끼치는 일이 아니라면, 나의 존재를 지키기 위해 싸워야 한다. 내가 동의하지 않는데 누구도 나를 폄하할 수 없다. '나'는 그렇게 소중한 존재인 것이다.

김 차장은 두 번째 피티를 아주 훌륭하게 마쳤다. 약간 긴장된 모습이긴 했지만 자신의 존재를 사랑할 줄 알게 된 그녀는 매력적인 아우라를 뿜었다. 그런 그녀에게 청중이 매료되었음은 물론이다.

자, 우리도 매력적인 킬링 포인터로 거듭나보자.

첫째, 자신의 커뮤니케이션 스타일을 파악하고 훈련한다. 가능하면 자신을 잘 아는 선배나 상사의 도움을 받으면 좋다.

둘째, 상대 또는 청중을 파악하는 감각을 키워야 한다. 똑같은 내용의 이야기라도 상대와 눈높이를 맞춰야 설득력이 높아진다. 설득해야 할 상대방의 나이나 지위 정도의 기본적인 정보만이 아니라, 청중 중 대표가 될 만한 사람의 신상과 캐릭터를 알아놓는 정성이 필요하다.

셋째, 상황에 맞는 외형을 갖추는 것도 중요하다. 완벽한 정장으로 "~습니다"로 말해야 하는지, 발표 컨셉에 맞는 복장으로 흥미를 일으키는 것이 좋은지를 파악해야 한다. 대개 브리핑은 정장이 무난하긴 하지만, 5~6개 이상의 회사가 경합하는 경우 만약 뒤 순서에 해당된다면 지루한 분위기를 전환할 수 있는 약간 변형된 정장, 즉 컬러나 넥타이 등에 포인트를 두는 것도 좋다.

Killing Point Checking!

죽여주는 프레젠테이션을 위한 킬링 포인트

■ **청중의 규모에 따라**

대형 회의실, 30여 명 이상의 청중일 경우 큰 목소리로, 움직임을 주면서!

1. 자신의 목소리가 약하다고 생각되면 무선 마이크를 준비한다. 목소리가 작으면 시간이 흐를수록 사람들의 집중력이 떨어진다.
2. 발표하는 무대가 크다면 한 곳에 서 있지 말고 움직임을 주는 것이 좋다. 가령 빔 프로젝터의 빛을 받으며 중앙으로 걸어 들어가 스크린 한가운데를 짚어준다거나, 청중에게 가까이 다가가서 눈을 맞추며 질문하는 것이다.

작은 회의실, 5~6명의 핵심인물만 대상으로 하는 경우

낮은 톤으로 힘 있게, 움직임은 절제하면서!

1. 대여섯 명의 핵심인물만 놓고 프레젠테이션을 하는 경우에는 목소리가 너무 크면 듣는 사람이 오히려 불편해진다. 톤은 조금 낮게, 발음은 분명하게, 어조는 힘 있게 하는 것이 좋다.
2. 작은 회의실에 소수의 청중만 있을 경우, 프레젠터가 이리저리 자리를 옮기는 것은 좋지 않다. 한 곳에 서서, 움직임을 절제하라. 손짓의 움직임도 크면 안 된다. 장소가 작아서 작은 움직임도 크

게 느껴져 산만한 인상을 주기 때문이다.

■ **질의응답 매너**

1. 프레젠테이션이 끝나면, 발표를 마친다는 메시지를 정확히 전달한다. "발표는 여기까지인데, 질문 있으시면 주십시오"라는 식으로 두루뭉술하게 질의응답 시간으로 넘어가면, 프레젠테이션의 전체적인 흐름에 마침표가 찍히지 않아 인상이 흐려질 수 있다. 발표는 발표, 질문은 질문이다. 그 경계를 명확히 하라.
2. 누군가 질문을 길게 하면 수첩에 메모하는 시늉이라도 하라. 질문을 경청하고 있다고 느껴져 성의 있게 보인다.
3. 답변은 자신 있는 질문 순으로 답하되, 가능하면 맨 마지막 질문부터 답을 하는 것이 명쾌해 보인다. 청중들도 첫 질문자의 질문은 잊어버리기 때문이다.
4. 만약 모르는 것을 질문 받게 되면 '모르는 사항'이라고 정확히 말한다. "돌아가서 확인 후 서면으로 답을 해드리겠다"고 덧붙이는 것도 좋다. 이보다 더 좋은 방법은, 프레젠테이션에 함께 참석한 상사나 대표가 질문의 답을 하는 것이다. 이 경우, 사전에 그들이 답을 할 수 있는지 알려주는 신호를 정하여 질의응답 시간에 서로 의사소통을 하는 것이 좋다.
5. 질문자의 의도를 파악하는 것도 중요하다. 간혹 질문자 본인이 이미 알고 있는 사항을 시험 삼아, 혹은 윗사람에게 잘 보이려는

마음에서 의도적으로 질문하는 경우가 있다. 이런 의도가 파악된다면 "그렇다면 본인은 그 점에 대해 어떻게 생각하시나요?"라는 식으로 질문자에게 해당 질문을 되돌려서 그의 의도를 충족시켜 주는 것이 좋다.

■ **위기관리 대처법**

노트북의 테러

브리핑용 노트북은 항상 철저히 관리하지만, 그럼에도 갑자기 먹통이 되어버리는 경우가 있다. 그럴 때를 대비해서 여분의 노트북을 챙겨야 한다. 만일 준비가 되어 있지 않다면 광고주 담당자에게 그 회사의 노트북을 준비해달라고 요청한다. 그리고 노트북을 대체하는 시간 동안, 프레젠테이션을 준비하는 과정에서 있었던 에피소드를 재미있게 들려주거나 혹은 보드로 만들어온 제작물을 먼저 설명하는 것도 방법이다.

청중의 예상치 못한 반응

브리핑을 받고 있던 최고 책임자가 전화를 받으러 나가거나 아예 사라지는 경우가 있다. 아예 사라지는 것은 어쩔 수 없지만, 휴대폰을 들고 나갔을 경우에는 프레젠테이션을 계속 이어가야 한다. 그리고 그가 몇 분 내로 돌아오면 불편하지 않게 앞의 내용을 요약 설명할 줄 알아야 한다. '불편하지 않게'라는 것은, 앞에서 이미 했던 방식과 똑같은 화법으로 요약하지 말라는 뜻이다. 예컨대 사례를 들어 설명했다면, 요약 설명할 때에는 다른 사례를 들어 이미 그 내용을 들었던 청중에게도 단순 반복이 아닌 중요한 부분을 다시 설득하는 것으로 보이게 하는 것이다.

예상치 못한 위기 상황

절대 우왕좌왕해서는 안 된다. 프레젠테이션에 함께 참석한 스태프들이 알아서 움직이도록 지시하고, 프레젠테는 침착하게 무대를 지켜야 한다. 만약 스태프들에게 별도로 지시를 할 수 없는 상황이라면, 청중과 스태프들이 모두 들을 수 있도록 "지금부터 ~한 방식으로 브리핑을 계속 진행하겠습니다"라고 공지하여, 청중을 안심시키고 스태프들에게 무엇을 어떻게 해야 할지 눈치채도록 한다. 중요한 것은 위기에 주눅 들지 않고, 위기도 기회로 만드는 능력과 훈련이다.

그렇다면 위기관리 훈련은 어떻게 해야 하나? 가장 좋은 방법은 많은 위기를 거치면서 터득하는 것이다. 에디슨이 전구를 발명했을 때 기자들이 발명에 앞서 수천 번의 실패에 대한 소감을 묻자, '실패를 한 것이 아니고 전구를 만들지 못하는 수천 가지 방법을 발견한 것'이라고 답했던 것처럼 말이다. 그러나 미리 막을 수만 있다면 얼마나 좋겠는가. 프레젠테이션의 경우는 미리 Q&A 준비를 통해 질의응답뿐 아니라 광고주의 특성까지 꼼꼼히 조사해서 예상되는 질문거리를 준비해가기도 한다. 이러한 준비와 실전을 통해 위기관리 매뉴얼을 만들어 지속적으로 업데이트하면 업종과 관계없이 공통된 원칙들이 만들어진다.

그리고 프레젠테이션이나 광고주 미팅 전, 프레젠터의 지휘하에 각자의 역할을 미리 점검하는 것 또한 중요하다. 이러한 과정 속에서 위기관리 능력이 강화되는 것이다.

Part 4

주목받는 광고에서 배우는 킬링 포인트

실전 분석을 통해 킬링 포인트를 찾는 응용력 높이기

Killing Point

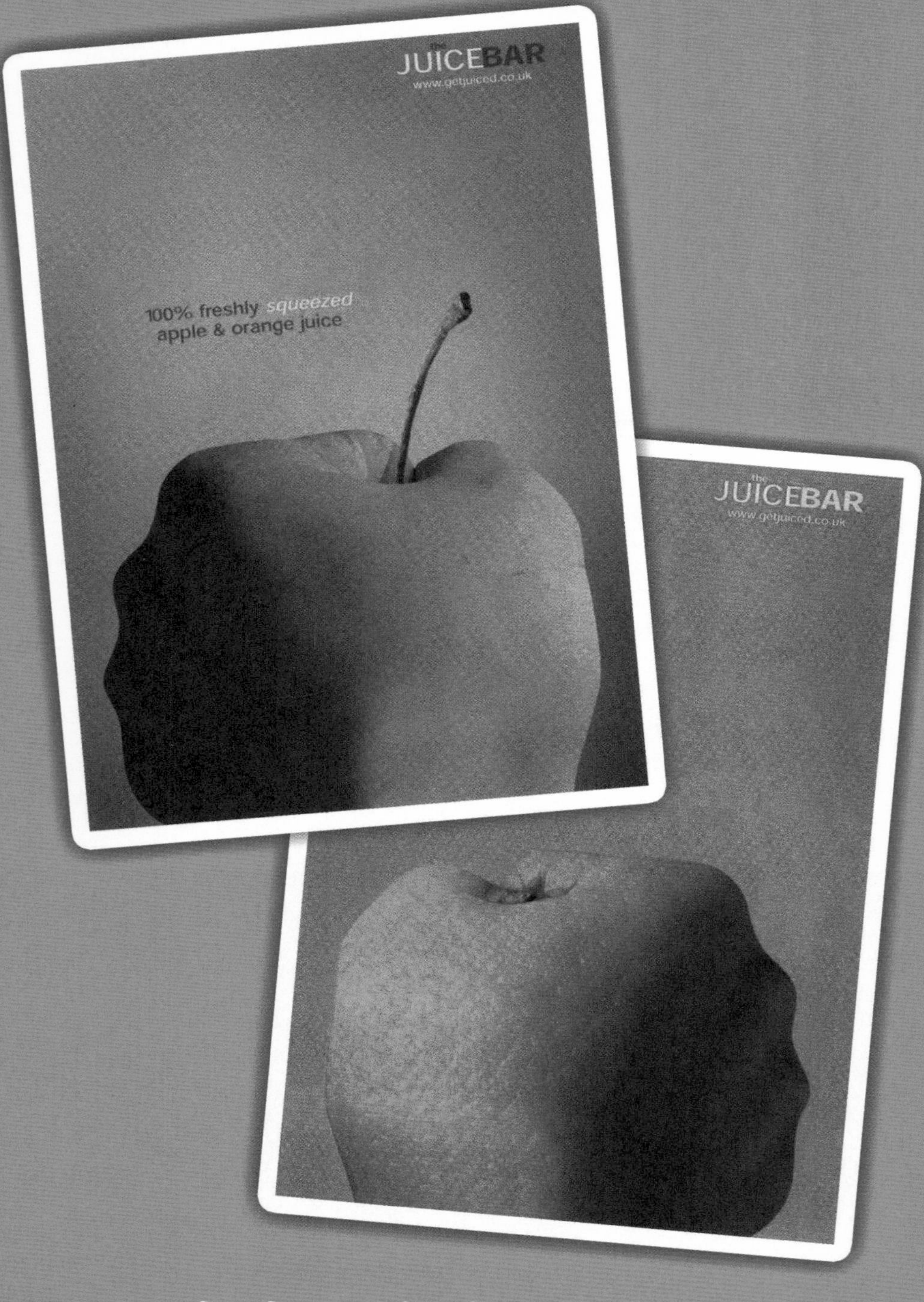

01 콜럼버스처럼 생각하기

사진의 광고는 '100% 신선한 사과로 짠 쥬스'를 파는 쥬스바의 광고이다. 최근 웰빙바람을 타고 100% 천연원료라는 기치를 내건 제품들의 광고를 자주 접하게 된다. 100% 콩 식용유의 광고는 김혜자라는 탑모델이 나와서 식용유 한 병을 만드는 데 들어가는 콩 분량을 '한 되, 두 되…' 하며 세는 장면을 그대로 보여주는 실증형 광고를 했다. 우리나라뿐만 아니라 전 세계 대부분의 100% 쥬스 광고의 공식화된 질서는 대체로 이와 같은 실증형 광고 일색이다. 현지의 오렌지 밭을 배경으로 유리컵에 정갈하게 담긴 쥬스를 클로즈업하는 식이다.

그런데 '쥬스바' 광고는 '짰다squeezed'는 것에서 남들과 색다른 킬링 포인트를 찾아냈다. 대개는 짜는 도구를 상상하기 때문에 주서기의 일부를 보여주거나 100% 원료에 집착하게 된다. 그런데 이 광고는 천연 100%와 직접 짠 주스의 메시지를 비주얼 하나에 온전히 담아냈다. 이런 것이 바로 '콜럼버스식 생각하기'다. 혹자는 아마도 컵에 담긴 주스를 보여주지 않아서 식감을 일으키지 못하는 광고라고 폄하할 수도 있다. 맞는 말이다. 그것이 상식의 질서다. 그러나 그렇게 하면 식감은 날지언정 브랜드 차별은 어려워질 것이다. 당신이라면 어떤 길을 택하겠는가?

콜럼버스의 어록으로 전해지는 것 가운데 두 가지가 기억난다. 지구는 둥그니까 지평선을 넘어 다른 세상을 발견하고 오겠다며 지원 요청을 하자, 의회에서는 몽상가의 발언이라며 그의 의견을 무시했다. 그때 콜럼버스는 이렇게 말했다고 한다. "세상을 바꾸는 건 몇 안 되는 몽상가들이 하고 있다."

우리가 자주 쓰는 인용구 중 하나가 바로 '콜럼버스의 달걀'이다. 아무도 못 했던 달걀 세우기를 그는 달걀 밑을 살짝 찧어서 세움으로써 간단히 해결했다. '콜럼버스의 달걀'이란, 결과를 놓고 보면 쉽고 간단한 원리이지만 아무나 쉽게 생각하기 힘든 것, 즉 남과 다르게 생각하기를 말한다. 킬링 포인트를 찾는 것은 이 같은 '콜럼버스식 생각하기'를 말하는 것이다.

내가 기획자들에게 가장 많이 하는 말은 바로 "다르게 좀 생각해봐", "뭐 다른 거 없어?"이다. 이 말은 흔하디흔한 것, 고정관념적인 것이 아닌 '그것을 탈피한 무엇'을 말하는 것이며, 그래서 남들과 다른, 기존질서와 다른, 즉 차별성differentiation을 말하는 것이다. 오늘날 차별성은 광고뿐만 아니라 경쟁력, 창의력과 연관된 모든 것에 적용되는 제1의 요건이다. 휴대폰 디자인에서부터, 서비스는 물론이고 정치 공약에 이르기까지, 차별화된 것이 곧 경쟁력이 되는 세상이다. 따라서 다르게 생각하는 능력이야말로 킬링 포인트를 찾는 중요한 요소이다.

그렇다면 우리도 콜럼버스처럼 다르게 생각하는 체험을 해보자. 우선 10행 정도의 자기소개서를 아래의 빈칸에 써보자. 대개의 기업에서는 직원 채용을 할 때 1차 관문으로 서류 전형을 한다. 주로 이력서와 자기소개서가 중심이며, 직종에 따라 포트폴리오나 자격증 등을 첨부하기도 한다.

특히 지원자의 캐릭터가 가장 잘 드러나는 것이 바로 자기소개서이다. 그런데 이미 이력서에 어디에서 살고 언제 태어났으며 부모의 이름까지 다 나열해놓고 굳이 자기소개서의 시작을 또 다시 그 정보들의 나열로 반복하는 경우를 많이 보게 된다. 자기 자신을 소개하는 것조차 고정관념과 정형화된 틀에서 벗어나지 못하면서 어떻게 세상을 새롭게 볼 수 있겠는가?

먼저 나를 소개하는 관점부터 다르게 생각해보자. 우선 이력서에 기재한 내용을 모두 뺀 자기소개서를 작성해본다. 생년월일, 주소, 가족관계, 학력, 경력의 1차적 나열을 모조리 빼고 진정으로 나만의 이야기를 써야 한다.

만일 광고회사의 카피라이터를 지원하는 사람이라면 카피라이팅에 관한 스스로의 생각, 좋아하는 카피나 광고캠페인 사례로 시작하는 소개서를 쓸 수 있겠다. 일반 회사의 경우라면 여행을 통해 깨닫게 된 자기발견과 그를 통해 달라진 마음가짐 등을 시작으로 해서 본인의 경쟁력을 부각시킬 수도 있겠다. 요즘은 인터넷에 '자기소개서 쓰는 요령'이란 것도 돌아다니고 있으니 벤치마킹하면 수월하겠지만, 여기에서 말하는 '다르게 생각하기'란 비단 외형만을 말하는 것이 아니다. 외형은 물론 담길 내용의 차별성을 어떻게 끌어내는가가 중요하다. 신선한 구성에, 남과 다른 자신만의 차별점을 어떻게 부각시킬지 내용의 차별성까지, 나만의 킬링 포인트를 담아낼 자기소개서를 고민해보라.

그리고 완성한 자기소개서를 다시 읽어보면서, 읽는 이에게 자신을 이해시킬 수 있는 나만의 킬링 포인트가 있는지 점검해본다. 이때 당신이 만약 면접관이라면 자신이 작성한 자기소개서를 읽으면서 어떤 캐릭터가 떠오를지를 생각하면서 글을 평가해보는 것이 좋다. 제3자의 관점에서 자기소개서를 읽었을 때 자신을 잘 부각하고 있는지 느껴보라는 말이다.

훈련은 여기에서 끝나지 않는다. 이제부터 나를 새롭게 발견해보는 것이다. 오늘의 나에게 과거에 가졌던 꿈을 대입해본다. 당신 외에는 꿈에 대해 아무도 당신을 평가할 수 없다. 때론 스스로를 약화시키는 상식과 현실이라는 벽을 뛰어넘을 줄 알아야 한다. 콜럼버스처럼 몽상가가 될 필요가 있다.

나를 누가 인정하는가? 나를 인정하는 것은 제일 먼저 나 스스로가 되어야 한다. 그러니 나 자신을 현재의 모습으로만, 남들 생각하는 대로만 생각하지 말자. 나 자신을 상식의 거울이 아닌 다른 거울, 즉 나를 사랑해주는 거울로 봐야 한다. 이것이 나를 위한 킬링 포인트 찾기의 첫 걸음이다.

지금 바로 다음의 종이에 자신의 꿈을 써넣어보자. 그리고 현재의 시점에서 그곳과 연결할 지도를 만들어보자. 나는 이 지도를 '꿈의 지도'라고 부른다. 처음 그릴 땐 영 안 될 것 같아도 신기하게 꿈의 지도를 수정, 보완하며 따라가다 보면 언젠가 그 꿈에 가까이 다가가게 된 자신을 보게 될 것이다.

꿈의 지도 만들기

1. 자기소개서를 바탕으로 오늘의 모습을 짧게 정리해본다.(왼쪽 끝에 쓴다.)
2. 과거의 꿈이나 지금 기대하는 꿈을 써본다.(오른쪽 끝에 쓴다.)
3. 이제 오른쪽으로 가는 길을 정리한다.(당연히 빈칸이다. 휘시 본 스타일의 그래프로 채워나가야 한다.)
4. 오른쪽으로 가기 위해 무엇을 해야 할지를 생각나는 대로 적어본다.(예컨대, 영어 능력 키우기, 대인관계 개선하기 등)

주의할 점

- 너무 막연하다고 포기하지 말 것. 꿈의 지도는 한 번에 그려지는 것이 아니다.
- 1차 완성본을 가지고 선배나 멘토와 의논하는 것도 좋다.
- 몇 년이 걸리든 계속 하는 것을 잊지 말라. 일단 시도해보라. 그 밋밋했던 종이 한 장이 나를 다른 곳으로 데려가줄 것이다. 단, 멈추지 않았을 경우에 해당된다.

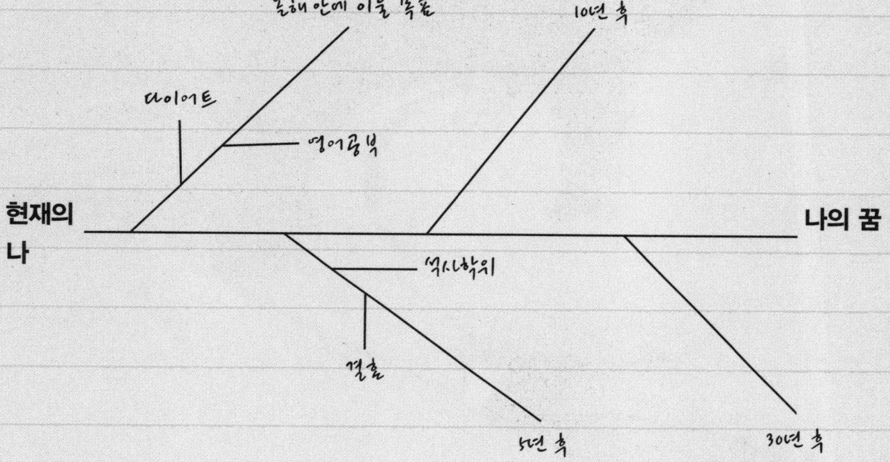
올해 안에 이룰 목표
10년 후
다이어트
영어공부
현재의 나
나의 꿈
석사학위
결혼
5년 후
30년 후

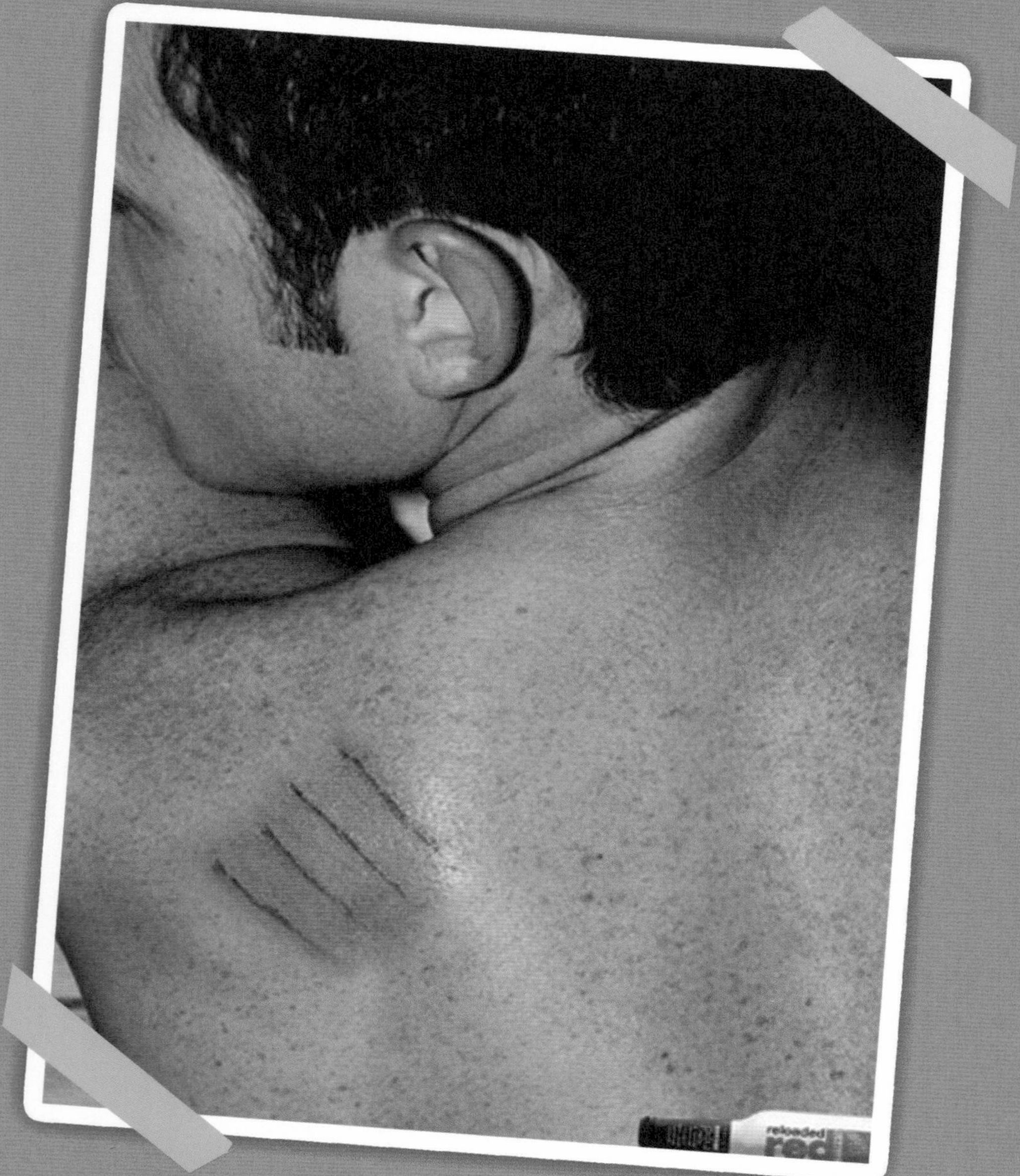

02 스토리를 붙여라

스토리 전략 : 와인 광고

브랜드를 관리하는 광고주나 광고회사의 담당자들은 소비자가 브랜드에 애착을 갖도록 하기 위해 브랜드의 스토리를 만들기 위해 애쓴다. 세계적인 광고회사 사치앤사치Saatchi & Saatchi의 회장 케빈 로버츠는 이것을 '브랜드 신화' 만들기라고 했다. 평범한 브랜드도 신화, 즉 스토리가 만들어지면 사람들 가슴속에 안착된다. 그리고 스토리를 통해 소비자의 마음속에 안착된 브랜드는 쉽게 떨어져나가지 않는다. 설득이 필요하다면, 긍정적인 스토리를 부여하라. 이것이 킬링 포인트를 만드는 또 하나의 원칙이다.

사진은 스토리를 제대로 활용한 와인 광고이다. 제품은 하단부에 작게 숨겨 놓았으나, 현지인이면 누구나 다 아는 브랜드일 것이다. 그런데 남자 등에 새빨갛게 긁힌 자국은 무엇을 말하는 것일까? 지난 밤 그녀와 좋은 술로 함께 즐기고 난, 그녀의 만족도가 표현된 마크인 것이다. 그 밤에 그 술이 함께 했으므로, 그것은 그들의 지난 밤 스토리의 은밀한 공범이 된다. 우리의 행복한 밤의 공범이 된 브랜드, 재미있지 않은가? 술 광고도 이렇게 할 수 있다. 이 브랜드만의 강력한 킬링 포인트는 스토리를 통해 전달된 것이다.

나는 스토리가 있는 브랜드인가? 이것을 확인하려면 다른 사람이 나를 제3자에게 소개할 때를 주목해보면 알 수 있다. 직장인이라면 현직의 소속 부서와 직급 정도, 학생이라면 소속 학교와 전공과목 정도에서 소개가 그쳤다면 당신의 브랜드 스토리는 아직 없는 것이다. 이것은 당신이 스토리가 있는 브랜드가 되어야 한다는 뜻인 동시에, 역으로 당신이 누군가에게 상대를 소개할 때에 스토리와 연결지어 소개할 줄 아는 사람이 되어야 한다는 말이다. 자기 자신을 스토리에 담아 멋지게 소개해주는 사람이라면 한 번 더 마음이 가지 않겠는가. '저 사람이 나를 그 정도로 생각하고 있구나' 싶어서 신뢰가 생길 것이다. 이것은 좋은 비즈니스 매너이면서 동시에 상대에게 나만의 킬링 포인트를 심어주는 계기가 될 것이다.

자, 그럼 나의 스토리는 어떻게 만들어야 할까? 자신을 잘 파악하면 억지결합을 막을 수 있다. 앞에서 자기소개서도 써보았고 자신의 꿈에 대해서도 생각해보았다. 아직 투명하지는 않다고 해도 남에게 보여지고 싶은 내 모습이란 그 꿈과 연관성이 있을 것이다. 지금 현재는 아니더라도 그 꿈에 도달하기 위한 과정에서의 이미지라도 말이다.

우선 아래 테스트를 통해 사물을 가지고 스토리 만들기 연습을 해볼 것이다. 그냥 평범한 머그컵도 스토리를 부여하면 어떻게 되는지 경험해보자. 몇해 전 이집트 카이로에 갔을 때의 이야기이다. 발이 부르트도록 걷다가 다리 쉼 하느라 해변가 야외 레스토랑에 들어가 차를 마셨는데, 돌아갈 때 내가 사용했던 찻잔을 정성껏 포장을 해서 선물로 주었다. 그런데 그냥 주지 않고 설명을 붙였다. 내게 어디서 왔는지를 묻더니, 이 찻잔은 이집트 클레오파트라의 영혼이 코리아 클레오파트라에게 선물로 주는 것이란다. 내가 검고 긴 생머리를 하고 있어서 재치 있게 갖다 붙인 이야기였겠지만 그럼에도 재미있었다. 돌아오는 길에 나는 그 레스토랑을 한 번 더 둘러보게 되었고, '이곳 위치가 카이로 시내에서 얼마나 떨어진 곳이었지?' 하는 생각까지 하게 되었다. 마치 머지않아 다시 올 것처럼 말이다. 짧은 이야기였지만 스토리에는 그런 힘이 있다. 스토리는 브랜드에 쉽게 잊혀지지 않는 장치를 거는 힘이다.

여기 3개의 사물을 차례대로 스토리텔링 해보라. 자신이 만든 스토리를 다른 누군가에게 들려줄 것을 생각하며 이야기를 만들어보는 것이다. 신화에 붙여도 좋고 선배에게서 들은 말을 옮기는 것으로 설정해도 좋다. 그러나 누군가 그 이야기를 들었을 때 인상에 남을 수 있는 포인트가 있어야 한다. 인상에 남는 포인트가 살아 있는 스토리, 그것이 브랜드의 애착 파워를 올리는 킬링 포인트가 되기 때문이다.

사례 1 내가 자주 드는 가방

사례 2 아파트 단지 내에 있는 키다리 나무

사례 3 최근에 자주 만나는 그(그녀)

03 지렛대 이용하기

이 광고는 싱가포르에서 진행한 게릴라 이벤트의 대표적인 사례로 꼽히는 것이다. 게릴라 이벤트는 시간과 장소를 이동해가면서 즉시적으로 벌이는 일종의 퍼포먼스인데, 브랜드 홍보의 목적으로 진행되는 것이다. 그런데 브랜드를 홍보한다면서 정작 이 포스터에 브랜드는 없다. 어찌된 일일까?

눈치 빠른 사람들은 금방 알아차렸을 것이다. 어느 아침, 출근하는 싱가포르 직장인들은 전철역 입구 벤치에 앉아 있는 맥도날드 아저씨를 만나게 된다. 그리고 그의 옆에는 KFC 봉투가 놓여 있다.

'어라? 맥도날드 아저씨가 왜 KFC를? 매출 1위인 맥도날드의 아저씨가 먹을 정도로 맛있는 KFC다 이거지?'

이 이벤트는 '익살맞고 쇼킹한 장난'이라고 평가되었는데, 어찌됐건 KFC라는 브랜드에 대한 소비자의 친근한 감정이 증폭되었던 것만은 사실이다. 이 이벤트가 익살스런 기사로 언론에까지 오르내리면서 KFC의 매출이 늘어났던 것이다.

이런 마케팅을 어깨 짚기 혹은 지렛대 마케팅이라고 한다. 상대 브랜드의 어깨를 짚거나 상대의 브랜드 파워를 지렛대로 이용한 것이기 때문이다. 여기에서 상대란 반드시 경쟁 브랜드만이 아니라 지렛대가 될 만한 가치가 있는 것을 말한다. 그리고 그 지렛대가 적절했을 때 브랜드 파워를 위해 쏟아야 할 막대한 마케팅 비용을 줄일 수 있게 된다.

가령 모 그룹의 한방 화장품은 황후의 이미지를 지렛대로 써서 프리미엄 브랜드 이미지를 잘 만들어왔다. 하이트는 맥주의 70%는 물이라는 상식의 지렛대를 걸고 하이트의 물은 다르다는 것을 적극 홍보하여 자사 브랜드를 1등 브랜드로 올려놓았다. 이처럼 스스로의 이야기를 하더라도 지렛대를 이용하면 힘이 덜 든다. 그리고 그 지렛대의 힘이 강하면 강할수록 브랜드 적응력도 빠르게 올라간다.

우리도 생활하면서 이러한 지렛대를 종종 활용한다. 가령 '~처럼', '~같은' 표현을 포함한 은유가 그런 것이다. 와인에 관심을 가지고 있는 사람이라면 일본을 넘어 우리나라에서까지 인기를 끈 만화 《신의 물방울》을 알 것이다. 그 만화를 보면 와인의 맛을 표현하는 모든 것은 은유로 되어 있다. 예컨대 '장작의 탄 내음과 으깬 블루베리의 향이 섞여 어릴 적 통나무 피크닉의 추억을 떠올리게 한다'는 식이다. 이런 식의 은유는 그 뜻을 정확히 모르더라도 와인 한 모금에 대단한 의미와 철학이 담긴 것 같은 느낌을 잘 전달한다. 그래서 와인을 즐기는 것은 고급한 문화취향이라는 사실을 은근히 내세운다. 은유란 이처럼 지레 설득되어지는 것이기도 하다.

그렇다면 우리들은 일상생활에서 얼마나 지렛대를 잘 활용하고 있을까? 지금은 설득의 세상이다. 같은 상품도, 같은 주장도 사람에 따라 더 잘 설득되기도 하고 거부되기도 한다. 소통이 생명줄인 세상에서 당신은 설득을 위한 커뮤니케이션 스킬을 어떤 방식으로 하고 있는가? 여러 가지 방식이 있겠지만 이 장에서는 지렛대식의 은유 혹은 비유로 친절하게 설명하는 것을 연습해보자.

실험 1. 음식 맛 표현하기

오늘 먹었던 식사 중 반찬 한 가지라도 그 맛을 표현해본다. 예컨대 김치찌개를 표현한다면 적어도 이 빈칸에 3행 정도의 길이로 그 맛을 표현해본다. 단, 맵고 텁텁했다는 식의 직설적인 표현이 아니라 《신의 물방울》에서 와인 맛을 묘사하듯 은유적이고 이미지적으로 그 맛을 표현해야 한다.

실험 2. 감정 표현하기

당신이 오늘 느낀 감정, 기쁜 일이든지 혹은 언짢은 일이든지, 그도 저도 아닌 별 감정 없이 심심했든지 간에 무엇이든 표현해본다. 예컨대 동료와 말 한마디로 기분이 상했다면 무엇 때문에 감정이 생겼는데 그것은 마치 3년 전 어떤 기억을 떠올리게 한다든지… 하는 식으로 자신이 느낀 감정의 디테일을 묘사해보는 것이다.

실험 3. 장소 표현하기

현재 있는 곳이 어디든 상관없다. 사무실이든, 학교든, 서점이든, 혹 카페나 레스토랑이든 그곳의 분위기를 표현해보라. 사람 수나 뭘 파는지와 같은 눈에 보이는 모습을 그대로 스케치하는 것이 아니라, 그 장소의 분위기를 묘사하는 것이다. 예컨대 어떤 이미지와 비슷하다든지 혹은 어떤 향이나 색깔을 연상시키는 분위기라든지와 같이, 공간을 추상적인 이미지로 묘사해보는 것이다.

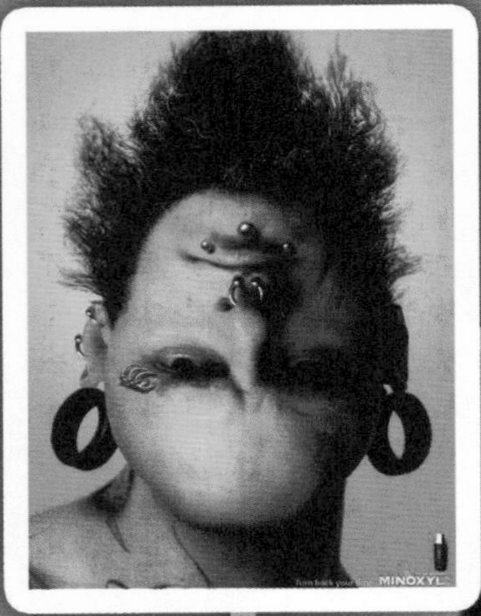

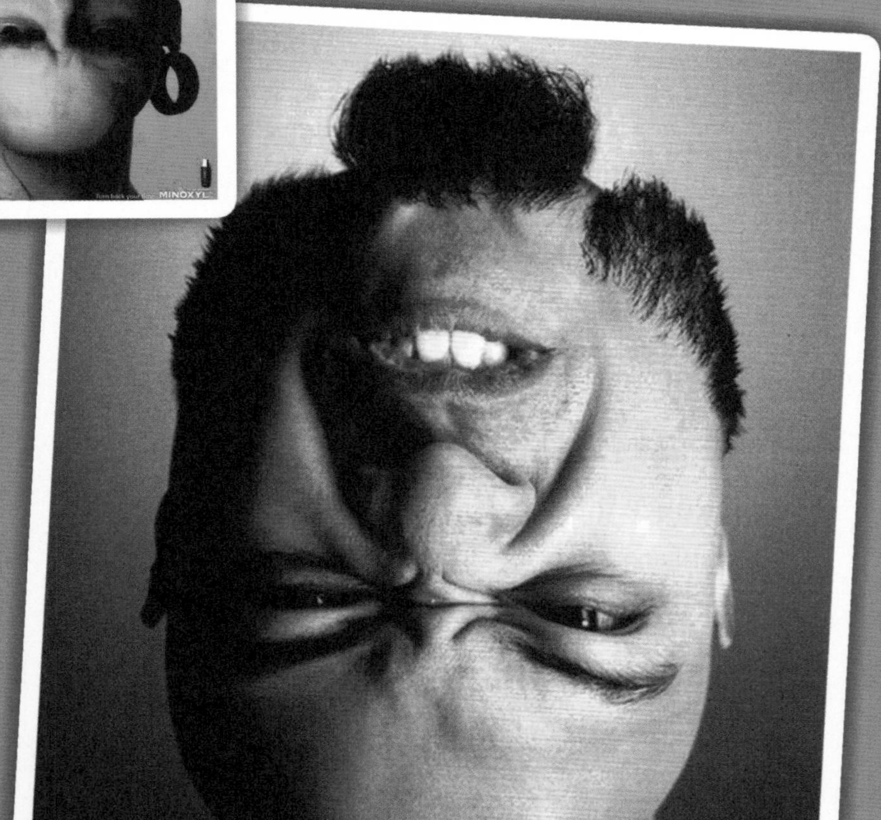

04 앗! 머리를 잘못 굴렸어

사진의 광고는 사람의 목 위에 머리가 거꾸로 얹혀져 있다. '이게 뭐지?' 싶으면서 우선 눈길을 끈다. 시선을 아래로 내리면 맨 아래 '미녹실'이라는 탈모제 브랜드가 조그맣게 자리하고 있다. 그러고 보니 두 사람 모두 대머리이고 턱수염을 개성 있게 길렀다. 얼마나 머리카락 없는 것이 한이 맺혔으면 수염을 기르고 머리통을 뒤집어버렸을까? 아니, 뒤집어버리고 싶은 마음일까?
그런데 이 광고는 커다란 맹점이 있다. 아이디어의 기발함이 마케팅 타깃인 대머리들에게는 매력적으로 다가오지 않는다는 것이다. 아이디어는 기발하지만 이 제품을 쓰면 머리카락이 날 것이라는 발모에 대한 희망을 심어주지는 않기 때문이다. 당연히 소비자의 지갑은 열리지 않는다.
실제로 매출을 올리는 발모제 광고는 비포&애프터 형 광고이다. 이전의 속 빈 머리를 보여주고, 자사 제품을 사용한 후 가득 채워진 머리를 보여주는 형식의 광고 말이다. 그리고 빽빽하게 약의 성분은 어떻고 어디에서 특허를 받았는지 책임보증을 강력 주장한다. 모델이 알려진 인물이면 더 효과적이다. 광고에서의 크리에이티브 파워란 곧 세일즈 파워를 말한다. 머리카락이 한 올이라도 더 나기를 바라는 타깃 소비자의 간절한 욕구를 효과적으로 공략한 것, 그것이 진정 크리에이티브한 것이다.

아이디어는 무조건 기발하면 된다고 생각하는 이들이 있다. 국제전화를 놓고 아이디어를 리뷰할 때 어떤 직원이 '코 파는 아이'라는 아이디어로 나를 설득하려 했다. "습관을 바꾸도록 해야 한다고 하셨잖아요. 10초 동안 코 파는 아이를 보여주는 거예요. 그러면서 '하지 마라'라는 엄마의 목소리가 세 번쯤 들리는 거죠. 그리고 끝에 국제전화 우리 번호 대주면, 심플하잖아요." 어이가 없어서 잠시 멍했다. 습관적으로 사용하는 국제전화의 사용 패턴을 우리 광고주 쪽으로 돌리도록 '습관 바꾸기'에 대한 아이디어를 내보라고 주문했더니, 가장 바꾸기 어려우면서도 재미있는 것이 바로 코 파기 습관이라는 억지 주장이 웬 말이란 말인가. 게다가 20대 후반이 핵심 타깃인데, 요금과 스타일에 민감한 20대에게 전혀 설득적이지 않은 아이디어라는 것이 가장 큰 문제였다. 아직까지 기억나는 걸 보니, 아이디어 자체가 무척 기발했던 것만은 틀림없지만 말이다.

신입 기획자의 경우, 정보형 광고를 폄하하는 경우가 더러 있다. 뭔가 톡톡 튀는 것이 아이디어라고 생각하기 때문이다. 그러나 광고란 위트를 자랑하는 마당이 아니다. 광고는 소비자를 설득하는 자리이다. 사실 머리숱으로 고민하는 사람은 발모가 얼마나 어려운지를 잘 안다. 그들은 웬만한 제품은 한 번씩 사용해본 경험이 있다. 그렇기 때문에 발모제의 경우 소비자에게는 그 제품이 실제 효과가 있는지, 효과가 있다고 주장하는 근거가 무엇인지가 중요하다. 발모제의 경우 소비자들이 원하는 것은 바로 '정보'이다. 그들은 앞의 '비포'에 공감하고, 뒤의 '애프터'에 설득당하는 것이다. 여성을 타깃으로 한 다이어트 제품 광고에서 왜 한사코 44 사이즈로 컴퓨터 그래픽 처리한 늘씬한 미녀들이 나오겠는가? 나와 같은 뚱뚱한 모습부정적 접근이 아니라, 날씬한 희망의 결과긍정적 접근를 예측시켜줘야 소비자의 마음이 움직이기 때문이다.

긍정적인 힘의 매력 체험하기

스탠포드 대학의 허버트 클라크 교수는 인간은 부정적인 문장보다는 긍정적인 문장에 보다 쉽게 생각할 수 있도록 프로그램되어 있다고 주장했다. 인간의 사고는 긍정보다 부정을 입증하는 데 약 2분의 1초 또는 그 이상의 시간이 더 걸린다는 것이다. 그의 주장에 따르면, 사람은 긍정적인 문장을 대했을 때에 사고의 속도가 더 빠르며 목표에 더 집중하게 된다는 것이다.

이것은 문제를 풀 때에도 마찬가지이다. 예컨대 '왜 사람들은 나를 좋아하지 않을까?'보다는 '사람들이 나를 좋아하게 하기 위해서 나는 무엇을 하면 좋을까?'로 긍정적인 방향에 맞춰서 생각을 하라는 것이다. 문제에 접근할 때, 기획 아이디어를 낼 때, 긍정적인 접근을 통해 타깃 소비자에게 희망을 심어주는 방법을 궁리하라. 긍정적인 힘을 전달하는 아이디어야말로 엄청난 킬링 포인트이다.

자, 이제 다음의 문장들을 긍정적이고 적극적인 관점으로 틀을 다시 잡아보라. 이런 방식으로 현재 내가 생각하는 문제점을 대비해서 풀어보면 효과적일 것이다.

1. 나는 왜 이번에 승진을 못 했을까?

→ 승진을 하려면 나는 무엇을 해야 할까?

2. 나는 영영 취직을 못 하게 되는 걸까?

→ 취직을 하기 위해 나는 무엇을 하면 좋을까?

3. 나는 왜 다이어트에 성공하지 못할까?

→ 다이어트에서 벗어나려면 무엇을 해야 할까?

4. 그와 헤어질까봐 두렵다

→ 그를 사로잡는 방법을 꼭 찾아야겠다.

05 내 맘을 맞혀봐!

이 광고는 보드카 '스미노프' 캠페인 중의 한 시리즈이다. 주제는 '본능'이다. 내용을 보면 첫 번째 그림은 체스판 위에 놓인 사람 모형의 말들 중 스미노프 병에 비춰진 것만 유독 남녀가 뒤엉켜 있는 모습이다. 두 번째 그림은 나란히 놓인 석상 중 유독 스미노프 병으로 투영된 석상만이 머리 위에 앉아 있던 비둘기를 잡아먹는 모습이다.

스미노프의 텔레비전 광고는 더 도발적이다. 사람들이 술렁대는 클럽에 눈에 띄게 아름답고 우아한 여성이 등장한다. 그런데 이 여성이 테이블 위에 놓여진 스미노프 병 뒤로 지나가는 순간, 검은 레이스의 속옷만 걸친 채찍을 든 여인으로 보여진다. 그리고 스미노프 병을 통과하면 그녀는 다시 우아한 여성의 모습으로 돌아온다.

우리가 흔히 보아온 술 광고는 어떠한가? 대체로 멋진 남성이 등장하여 그 술의 중후한 품격을 어필하거나, 혹은 섹시한 여성이 등장하여 술이 주는 쾌락과 즐거움을 은유적으로 표현한다. 그런데 스미노프는 변별력 없는 술 광고의 전형을 깨고, 술에 흥취했을 때 분출되는 본능적 태도를 킬링 포인트로 잡아 스미노프만의 독자적인 브랜드 이미지를 성공적으로 쌓아가고 있다.

상대가 '내 마음과 같다'며 나에게 공감할 때 설득은 가장 강력하게 작용한다. 특히 남에게 보이지 않은 채 숨겨뒀던 무엇을 누군가가 공감해준다고 느낄 때 애정의 진도는 빨라진다. 재미있는 것은, 어떤 대목에서 공감하는지는 남녀가 서로 다르다는 것이다. 성별에 따라 공감의 포인트가 다르다는 것인데, 이것을 염두에 두면 기획을 할 때 도움이 될 것이다. 연애를 할 때에는 물론이고 말이다.

커뮤니케이션, 즉 '말'에 한정지어 살펴보자면, 남성의 킬링 포인트는 말의 '양'에 있다. 남성이라면 한 번쯤 이런 경험이 있지 않은가? '내가 왜 이런 얘기까지 하지?', '내가 왜 이렇게 말이 많아졌지?' 싶은 여자, 자신의 이야기를 들어준 여자에게 마음이 약해지는 경험 말이다. 남자의 내밀한 이야기를 끄집어낼 수 있다면, 그것이 킬링 포인트가 될 것이다.

반대로 여성의 경우는 말의 '질'이 중요하다. 표현의 품격을 말하는 것이 아니라, 지속적으로 반복할 줄 알면 된다. 그러나 같은 말을 반복할 수는 없으니 약간씩 변형해주는 센스가 필요하다. 끊임없이 반복해야 할 그 말의 정체가 무엇이냐 하면, 간단하다. 끝없이 '예쁘다'를 주재료로 해서 반복, 변형하면 된다. "오늘은 정말 더 예쁘다", "멀리서 봐도 눈에 띄네요", "안개처럼 신비로운 매력이 있어요."

남녀의 실체를 한 가지 공식으로 규명하기는 어려운 일이다. 그러나 '본질'에 가깝게 다가갔을 때 설득력이 높아지는 것은 사실이다.

남자는 감추고 싶은 동물, 여자는 드러내고 싶은 동물이라고 정의한 사람도 있는데, 나는 그것을 이렇게 해석한다. 남자는 감추고 있는 본능대체로 열등감을 이해하고 받아들여줄 때, 여자는 드러내고 싶은 본능대체로 애정결핍을 쓰다듬어줄 때 자신의 마음을 연다. 그리고 그 본능을 절묘하게 활용할 때 킬링 포인트가 열린다.

나의 공감지수는?

상대가 나에게 공감할 때 가장 강력하게 설득이 된다. 특히 내보이지 않고 숨겨둔 마음속 니즈를 공감해주면 설득을 뛰어넘어 애정까지 느끼게 된다. 공감하게 만드는 것, 이것이 바로 킬링 포인트이다. 그렇다면 나의 공감지수는 얼마나 될까?

	✓
1. 나를 사랑하는 시간이 나를 미워하는 시간보다 더 많다.	
2. 의견대립이 생기면 주장을 반복하기에 앞서 입장을 바꿔서 생각해보는 편이다.	
3. 상대에게서 칭찬할 만한 거리를 빨리 끌어내는 편이다.	
4. 상대와의 공통분모를 언제나 찾아낼 수 있다.	
5. 잘난 체하기보다는 진솔하게 단점을 드러내는 편이다.	
6. 잘못을 지적당했을 때 사과를 먼저 하고 그 후에 자신의 의견을 말하는 편이다.	
7. 다른 사람의 험담을 하지 않는 편이다.	
8. 즉시 써먹을 수 있는 유머 스토리가 있다.	
9. 외모 관리를 하고 있다.	
10. 힘들 때 기꺼이 조언해줄 사람이 있다.	

총 ____ 개

8~10개 당신은 누구에게라도 매력적인 사람이 될 수 있다. 나만의 개성 있는 매력 포인트를 찾아보자. 특히 "이런 점이 좋아"라고 남들이 말할 수 있는 그것을 찾아보자!

4~7개 매력적으로 보일 요소들을 갖고 있는 당신은 때때로 작은 실수로 그것을 깰 수 있다. 이것을 극복하고 더 끌리는 사람이 되려면 좀더 자기관찰을 할 필요가 있다.

0~3개 첫 만남에서 호감을 갖는다 해도 만남이 지속되기는 어려울 수도 있다. 여기 있는 문항들을 더 많이 지키도록 노력해보자.

06 관계없는 것들과의 합방

초원에 사자 한 마리가 우아하게 앉아 있다. 처음에는 왜 우아하게 느껴지는지 그 이유를 알 수 없는데, 조금 더 들여다보니 사자의 갈퀴가 이상하다. 거칠게 뻗어 있어야 할 갈퀴가 어여쁘고 차분하게 빗겨져 있다. 마치 미용실에서 막 나온 사자 같다. 광고하는 제품이 헤어 무스인 것을 알면 피식 웃음이 나온다.
샴푸를 비롯한 헤어 제품은 대개의 경우 제품의 성분과 기능을 클로즈업해서 입증하거나 빅모델을 통해 제품의 퀄리티를 보여주는 형식이다.
그런데 헤어 무스는 샴푸보다 좀더 가벼운 제품이며, 성분보다는 스타일링의 효과를 소비자들은 더 기대한다. 그래서 이 광고는 더욱 눈길을 끈다. 우리의 인식 속에 있는 사자를 통해 비포 상태를 연상하게 하고, 달라진 갈퀴 모양은 광고에서 이미지로 보여줌으로써 제품을 사용한 애프터 상태를 자연스럽고 유머러스하게 전달한다. 브랜드 인지도와 호감을 동시에 높이는 광고인 것이다.
흔히들 창의성은 타고나는 것이라고 오해를 하는데, 실제 창의성을 키우는 분석틀이나 프로그램은 꽤 많이 있다. 그중 하나가 바로 '관련 없는 것과의 관련짓기'이다.

창의적인 것이라고 하면 세상에 없던 새로운 것이어야 한다고 생각하는 사람들이 많지만, 전혀 그렇지 않다. 창의적인 것은 관심과 집중을 통한 '경험'에 의한 것이다. 형태심리학자들은 어떤 주제에 대해 몰두하다 보면 그 주제에 대해 무의식적이면서도 지속적인 화학 변화를 일으킬 수 있다고 말한다. 굳이 심리학자들의 견해까지 들먹이지 않아도 텔레비전 프로그램 '생활의 달인'에서도 이러한 논리를 생생하게 만나게 된다. "아무도 하지 못하는 것을 어떻게 당신은 잘 할 수 있게 되었는가?"라고 물었을 때 달인 중 한 명은 이렇게 말했다. "부단히 노력하면 자연스레 그 해결책이 보여요."

달인들이 자신만의 노하우를 만들어내는 과정을 들여다보면 진정한 창의성이 무엇인지 힌트를 얻을 수 있다. 예컨대 빵틀에서 빵을 가장 빨리 빼내는 달인은 자신의 취미인 탁구에서 그 힘의 원리를 얻었다고 한다. 탁구와 자신의 직업을 연결해서 새로운 방법론을 창조한 것이다. 얼마나 창의적인가!

앞의 광고에서 '사자 갈기'와 '헤어 무스의 스타일링'을 연결한 것은 매우 창의적이다. 아마도 이 아이디어를 낸 기획자는 '동물의 왕국'과 같은 프로그램을 좋아하지 않았을까? 아니면 최근의 관심사가 동물 사진 모으기거나 남아프리카 여행을 준비 중이었을지도 모른다. 문제에 집중하고 있을 때에는 자신이 가지고 있는 다른 무엇인가와 그 문제가 연결되어 상호작용이 이루어지는데, 바로 이런 과정을 거치면서 창의력이 발휘된다.

세계적인 자동차 디자인 그룹의 책임자 마틴 스칼스키는 학생들에게 각종 자동차 디자인을 스크랩하기보다 먼저 추상적인 형태의 상상을 해보라고 권한다. 예를 들면 최근에 본인이 관심을 갖고 있는 분야에서 무한 상상을 즐기라는 것이다. 이렇게 말하면 잘 이해되지 않지만, 예를 들어 이런 것이다. 대학로에 있는 최가철물이라는 국내 최대의 철물가게에서, 건축가들에게 철을 주재로 의자 디자인을 공모한 적이 있다. 1, 2층에 꽤 많은 의자들이 전시되어 있었는데, 철을 소재로 해서인지 어딘지 차가운 느낌을 떨칠 수가 없었다. 그것을 극복하려고 어떤 건축가는 철은 10% 정도만 사용하고 나머지는 나무를 쓰거나 가죽을 덧대어 만들기도 했는데, 철만을 사용한 다른 의자에 비해 따뜻해 보이기는 했지만 철을 소재로 한다는 주제에서 많이 벗어나 있어서 창의적이라고 할 수는 없었다.

그런데 한 작품에 유독 사람들이 많이 몰려 있었다. 그곳에는 의자가 아니라 풍성한 한 다발의 며느리밥풀꽃이 피어 있었다. 그런데 가까이 가서 보니 그것은 풀꽃처럼 형상화한 의자였다. 아주 가느다란 철사로 가지를 만들어 의자의 지지대 역할을 했고, 가지 끝에 달린 엄지 크기만 한 봉우리에 가죽을 씌워 마치 꽃망울처럼 보이게 했다. 길바닥이나 벽에서 피어나온 길거리 야생풀을 모티브로 해서 철제임에도 따뜻한 의자를 만들어낸 것이다. 건축가 권문성의 디자인이라고 했다. 나는 신문에 게재된 그의 인터뷰 내용을 읽고 '전혀 관련되지 않은 것과의 관련짓기'가 창의성을 이끄는 데에 영향력이 있다는 것을 다시금 확신했다. 그는 이렇게 말했다. "한동안 야생풀을 사진에 담았습니다. 뽐내지 않고도 존재의 의미를 다하는 그런 소담한 것들에게 마음이 가서요. 의자 디자인을 의뢰받았을 때 거친 소재의 철도 야생초처럼 아름답게 존재할 수 있지 않을까 생각하게 되었죠."

어떤 문제에 대해 생각하고 그 생각들을 저장하는 곳은 뇌 속의 장기기억장치와 무의식이다. 그런데 기억장치 속에 있는 것들은 일상적인 활성화를 넘지 않는 데에 반해, 무의식 속에서는 이미 들어간 정보들이 끝없이 활성화된다. 그리고 장기기억장치에 저장된 정보들은 무의식 속에서 무한 활성화되어 어느 날 문득 의식화가 된다. 따라서 창의적인 아이디어는 순수한 정보 처리 과정에서도 나오지만, 파워풀한 아이디어는 어느날 문득 생각이 폭발하여 나온다는 것이다. 조지 맨들러는 이것을 '마인드 포핑Mind Popping'이라고 했는데, 아이디어는 어딘지 모르게 일정기간 잠복 후 나타날 때 발생한다는 것이다.

자, 이제 우리도 해보자. 해결책이 보이지 않아 답답할 때 이러한 아이디어 발상법은 새로운 돌출구를 찾는 데에 도움이 될 것이다.

PMI로 해결점 찾기

PMIPlus, Minus, Interesting는 사고력의 권위자인 에드워드 드 보노가 처음 소개한 것으로, 사고의 전환을 돕는 도구이다. 이것은 어떤 문제에 대해 한 가지 방식이 아닌 세 가지 방식으로 생각해볼 수 있다는 것을 전제로 하는데, '긍정적인 점에 대해 생각해보기Plus', '부정적인 점에 대해 생각해보기Minus', '흥미로운 점에 대해 생각해보기Interesting'가 바로 그것이다. 이렇게 PMI 방식으로 생각하면, 더 이상 진도가 나가지 않던 답답한 문제들도 출구가 보이기 시작한다는 것이다.

3M이 산업용 접착제를 발명했을 때 비용 문제와 쓰임새 때문에 경영진은 부정적인 판단을 내리고 폐기처분을 명령했다. 그러나 이 발명품에 흥미를 느낀 한 엔지니어가 샘플을 집으로 가져가자 어린 딸들이 그것을 이용하여 머리를 고정시키거나 소꿉놀이에 사용하는 것을 보고 그는 경영진을 설득했다. 산업용이 아니라 소비재로서 가치가 있음을 주장한 것인데, 그런 과정을 거쳐 결국 스카치테이프라는 불후의 제품이 탄생하였다.

그 엔지니어는 경영진 모두가 부정적으로 생각한minus 것을 '흥미롭게 생각할interesting 수도 있지 않을까?' 하는 관점의 전환을 시도했다. 그리고 그의 '흥미'가 불후의 베스트셀러를 만드는 계기가 되었다.

당신의 최근 문제나 관심사는 무엇인가? PMI 방식을 통해 새로운 돌파구를 발견해보도록 하자.

1. 종이에 세로열을 세 개 만들어 맨 첫째 줄부터 각각 '긍정적인 포인트', '부정적인 포인트', '흥미로운 포인트'라고 적는다.

2. 긍정 줄에는 주제에 관한 긍정적인 점만을 쓰고, 부정 줄에는 부정적인 점이라고 생각하는 것만 쓴다.

3. '흥미로운 포인트'에는 긍정과 부정에 들지 않지만 고려할 가치가 있는 것들을 나열한다. 예컨대 '좋아하진 않지만 재미는 있네' 같은 것 말이다. 지금까지는 부정적인 생각뿐이었다면, 분명 다른 것과의 연결을 통해서 흥미로운 면들이 발견될 것이다.

우선 '나'라는 존재부터 대입해보고, 이어서 내가 몰두하고 있는 '타인' 혹은 내가 몰두하고 있는 '문제'에 대해 풀어보길 바란다. 이것은 자신만의 답을 발견해가는 과정이다. 하다가 안 되면 접어두었다가 새롭게 시작하라. 새롭게 시작하는 당시의 관심에 따라 흥미로운 점을 발견하게 된다.

긍정적인 포인트	부정적인 포인트	흥미로운 포인트

07 바로, 지금, 여기서

사진은 인도식 레스토랑 광고이다. 그림만 봐도 무슨 뜻인지 알 수 있는 명쾌한 상징을 사용했다. '우리 요리카레는 불같이 매운맛이 자랑입니다'라는 메시지를 너무도 잘 소화해서 비주얼로 보여주고 있다. 그래서 보는 순간 혓바닥이 타들어갈 것만 같은 따가운 시즐감을 전한다.

그런데 이 광고는 훌륭한 상징뿐만 아니라 타이밍을 잘 적용했다는 점에 주목할 필요가 있다. 타이밍을 잘 적용했다는 것은, 그 매운맛의 통증을 제대로 전달한 따가운 시즐감에 있다. 이 광고를 보면서 사람들은 '곧바로' 매운맛이 땅겼을 것이다. 광고를 보는 순간과 소비자가 매운맛에 대한 욕망을 느끼는 '타이밍'이 절묘하게 매칭되도록 한 것이다.

매운맛이 그리울 때 사람들은 이 광고를 보면서 느꼈던 핫 스파이시한 자극을 고스란히 떠올릴 것이며, 곧바로 이 브랜드가 생각날 것이다. 타이밍을 잘 살리는 것, 이것은 삶에서뿐만 아니라 기획에서도 매우 중요한 사안이다.

살면서 타이밍을 놓쳐 안타까울 때가 많이 있다. 그래서 시인 류시화가 엮은 잠언 시집은 그 제목만으로도 우리의 마음을 움직인다.

'지금 알고 있는 걸 그때도 알았더라면'

그때는 공부를 했어야 했는데, 그때는 좀더 용기를 내도 됐었는데, 그때는…. 늘 무엇인가를 선택하거나 판단해야 할 때 바로 그때에 지혜의 여신이 나타나 지금 그것을 할 때라고 알람을 울려준다면 얼마나 좋을까?

이런 바람은 광고에서도 마찬가지이다. 광고주는 자사 제품이 경쟁 제품들과 함께 진열된 마트에서, 소비자가 제품을 선택하는 바로 그 시점에 자사 브랜드가 선택되어야 하는 이유를 만들어주고 싶어 한다. 광고와 홍보를 통해 그 브랜드를 알고 있어도 구매 시점인 바로 그 타이밍에 그 브랜드가 생각나지 않으면 아무 소용이 없는 것이다. 그래서 상품이 진열된 매대에까지 셀프토커self-talker와 같은 POP를 설치해놓고 구매 타이밍에 자사 제품을 선택하도록 유도하기도 한다.

나는 적절한 타이밍에 알람을 울려주는 사람을 '타이밍 매니저'라고 이름 붙였다. 그리고 스스로 게을러지거나 자만에 차 있을 때, 혹은 스트레스로 머릿속이 폭파 직전일 때, 숨을 고르고 타이밍 매니저를 불러본다. 그리고 물어본다. 지금 내가 이럴 때가 맞느냐고. 그때 타이밍 매니저는 나를 서점으로 데려가기도 하고, 새벽

시장을 보게도 한다. 어떤 때는 심한 몸살을 주어 꼼짝없이 아무 생각도 못 하게 한다. 26년 이상 직장생활을 하면서 힘들고 지칠 때도 있고 억울함으로 분통이 터질 때도 있었지만, 어느 때부터인가 내 곁에 있게 된 타이밍 매니저가 나를 일깨워주곤 했다.

타이밍 매니저 모시기

여러분도 한번 키워보시라. 아니 모셔보시라. 나만의 타이밍 매니저를! 참고삼아, 나와 상담을 한 후 타이밍 매니저를 모신 사람들의 다양한 사례를 소개한다.

첫째의 경우, 나를 잘 아는 사람이면 좋다. 내 의견을 듣고 돌아가신 어머니를 타이밍 매니저로 모셨다는 사람도 있다.
둘째의 경우, 나를 잘 이끌어줄 수 있는 선배나 멘토를 찾는다.
셋째의 경우, 종교인이라면 종교적 지도자를 택해도 좋다.
넷째의 경우, 본인이 좋아하는 작가의 소설 속 인물을 선택한 사람도 있었다. 그 인물의 지혜로움을 선택한 것이라고 했다.

타이밍 매니저는 갖는 것이 중요한 것이 아니라, 어떻게 조우하느냐가 더 어려운 일이다. 우선 매니저 선택에 있어서 적당히 협상이

가능한 만만한 분이면 안 된다. 둘째, 선택한 매니저를 자신의 마음 깊은 곳에 모셔온다. 셋째, 선택의 기로에 섰을 때 항상 그와의 면담을 준비한다. 넷째, 가능한 면담 내용은 면담노트를 통해 기록해놓는다.

이 무슨 만화 같은 행동이냐고? 이상하게도 성공한 사람들이나 자기계발을 주도하는 리더들은 만화 같은 상상력을 실제 생활에 적용한 사람들이다.

사실 기록의 중요성은 수많은 사람들이 지속적으로 강조해온 중요한 창의적 습관이다. 미래 트렌드 연구가인 페이스 팝콘 Faith Popcorn이나 《아티스트 웨이》를 쓴 자기계발의 선도자 줄리아 카메론 Julia Cameron도 기록의 중요성을 강조했고 그들만의 노트를 소개했다. 천재적인 발명가 에디슨도 그의 사후에 3,800페이지에 달하는 노트가 발견됐다. 그는 스스로 자신과 소통하는 대화의 중요성을 설명하려다 정신이상자 취급을 당하기도 했다.

문제는 실천이다. 성공한 사람들은 아는 것으로 끝내지 않는다는 중대한 차이를 가지고 있다.

08 마음속의 피터팬

사진의 광고는 중국에서 런칭한 바이엘사의 위장약 광고인데, 위장을 붕대로 칭칭 감아버렸다. 정보는 쉽게 전달된다. 이것은 마치 어린아이의 그림과 같다.

평소 조카와 대화를 나누려 늘 애를 쓰는데, 어느 날 어린 조카가 그린 그림을 보니 엄마가 배가 아프다는 것을 엄마 배에 일회용 밴드를 붙인 것으로 표현했다. 어른이라면 그처럼 유치한 표현은 하지 않을 것이다. 배를 움켜쥔 채 인상을 찡그리고 있는 사람을 그릴지도 모르겠다. 그러나 그런 그림은 두통인지 치통인지 어디가 아픈지 직접적으로 전달되지는 않는다. 어린아이의 표현법은 유치하지만 직접적이고, 비상식적이지만 기발하다.

혈액순환 장애에 관련된 약들은 광고주들이 하나같이 혈관을 직접 보여주길 원한다. 신기하게도 경영진으로 올라가면 갈수록 그런 현상은 더욱 두드러진다. 왜일까? 탑모델도 좋고 '3명 중에 1명 꼴로' 식의 설문조사 대입도 좋지만, 혈관약은 혈관이 먼저 튀어나와야 소비자의 시선을 잡는다는 것이다. 그러니 멋스럽게 하려는 허튼수작 하지 말고 유치해 보이더라도 정직하게 하라는 것이다. 그리고 이 말이 대체로 맞다. 시장이 그걸 검증해준다.

어른의 생각은 상투적인 아이디어를 낳는다. 하지만 어린아이의 생각은 직접적이고 신선하다. 어린아이처럼 생각하기, 그것이 킬링 포인트를 찾는 비밀이 되기도 한다.

아이디어를 잘 만들어내는 사람들은 대개 호기심 천국에서 노는 사람들이다. 그들의 평소 모습을 관찰해보면, 그들 안에는 어린아이가 숨어 있는 것을 발견하게 된다. 창의성에 대해 스크랩을 하다보면 에디슨에서부터 아인슈타인은 물론 후대의 유명한 크리에이터들까지 모두 그들의 캐릭터는 '어린이'였다. 언어학의 대가인 MIT 대학의 촘스키 교수는 어린아이들이 "하늘은 왜 파란색이어야 하나요?"라는 식의, 뻔한 것에 대한 질문을 하는 것에서 직관이 생긴다고 주장한다. 그에 의하면 아인슈타인 역시 시간과 공간 그리고 일상의 모든 뻔한 것에 질문을 하는 호기심에 가득 찬 아이와 같았다는 것이다. 아인슈타인은 평범한 사람도 어린아이의 마음과 눈으로 보는 법을 알 수 있다면 그가 배워야 할 모든 물리학을 배울 수 있다고 말했다.

어린아이처럼 되는 것이 가능할까? 그러려면 어린이들을 관찰하고 그들과 내면에서부터 교류해야 한다. 초등학교 3학년 시절로 거슬러가는 것이 아니라, 바로 그 3학년이 되어야 하는 것이다. 그래서 나는 엘리베이터에서 만난 6살 아이에게 "넌 이름이 뭐니? 몇 살이야?"라고 묻지 않는다. "난 유재하야. 넌 이름이 뭐니?"라고 묻는다. 아이들은 내가 어른이라는 정보가 입력되었다 해도 이런 식으로 대화를 시작하면 금방 또래친구로 의식을 전환하고 편하게 말하기 시작한다.

어린아이처럼 직관적인 생각을 잘 하려면 어떻게 해야 할까? 우선 아이들의 그림을 활용해보라. 이런 실험을 한 적이 있었다. '봄'이라는 주제로 회사 직원들과 6세 정도의 아이들에게 그림을 그려보라고 했다. 직원들이 대부분 봄의 기운을 느낄 수 있는 산천초목을 그리거나 개나리가 피어 있는 동산을 그린 반면 아이들은 대체로 추상화를 그렸다. 여러 가지 색으로 봄을 표현하거나 새 옷을 입은 엄마를 그리거나 어떤 아이는 전면을 파란 색으로 그려 얼음이 녹은 물이라고 설명하기도 했다. 어른들은 이미 익힌 상식을 표현하는 반면 아이들은 직관을 더 잘 표현했던 것이다.

아이처럼 생각하기

여기 그림을 설명해보자. 아무 것이나 떠오르는 대로 재미있는 생각을 할 수 있다. 그러나 무릎을 구부리고 손으로 마루를 닦고 있는 사람의 뒷모습이라고 설명한 뒤, 다른 생각을 적어보라고 하면 상상력의 범위는 훨씬 더 좁아진다. 우리에게 이미 저장된 지식이나 정보는 창의력을 떨어뜨릴 수 있다. 어른들은 좌뇌로 그림을 그리고 아이들은 우뇌로 그리는 것이 아닐까?

손을 떼지 않고 이 12개의 점을 하나의 직선으로 연결해보라. 문제를 받은 사람들은 불가능한 일이라고 이구동성 입을 모았다. 그러나 해결방안, 즉 이 점들을 선 하나로 연결할 것을 염두에 두고 아이처럼 생각해보라. 문제를 해결한 아이들은 '뭐, 쉽잖아'라고 말한다.

아이들 식의 방법은 먼저 점들을 하나씩 떼어낸 뒤, 그 점들을 한 줄로 배열하는 것이었다. 혹은 모든 점들을 한 번에 지날 수 있는 두꺼운 붓을 사용한다는 것이다. '손을 떼지 않고'라는 조건은 선을 그을 때를 말한 것이다. 어른들은 머릿속에서 두 손을 꼼짝없이 묶어놓아, 아이들처럼 점들을 이동시킨다는 것은 생각할 수가 없었던 것이다. 하지만 아이들은 아이들답게 천진하고 자유로웠다.

어른과 아이들에게 '나'에 대해 그려보라고 했다. 어른들은 자신의 모습을 똑같이 그리려고 열심이었다. 반면 아이들의 그림은 기상천외한 것들로 표현되었다. 우선 아이들의 그림이 달랐던 것은 그들은 '나'를 그린 것이라기보다는 '나에 대해' 그렸다는 것이다. 그래서 어떤 아이는 트랜스포머처럼 로봇형 인간을 그리고, 다른 아이는 마치 백설공주처럼 난장이들에게 둘러싸인 공주처럼 자신을 표현했다. 그중 최고의 걸작은 아무것도 그리지 않은 그림이었다. 본인의 모습은 그리지 않고 길 위에 나무 한 그루만 덩그러니 그려놓았는데, 설명이 가관이었다. 자신은 지구를 지키는 투명인간이라나. 삶의 어지러운 골목길을 만났을 때, 아이가 되어보자. 의외로 쉬운 길이 보일지도 모른다.

에필로그

행복과 성공의 문이 열리는 곳, 그곳에 킬링 포인트가 있다

초등학교 교실에서 선생님이 학생들에게 물었다. "얼음이 녹으면 무엇이 되지요?" 모두들 "물이 돼요"라고 답할 때, 구석에서 가는 목소리가 들려왔다. "봄이 돼요."
– It's Killing! 죽여주네!

'나는 안 돼'라고 생각하는 스피치 부적응자에게 상담을 통해 안 되는 이유를 지워주고 언어 전달이 아닌 마음 전달을 가르쳤다. 그는 현재 훌륭한 프레젠터이다.
– It's Killing! 죽여주네!

'국내 최소형 휴대폰'에 직장여성인을 타깃으로 하여 '여자 사이즈'라는 컨셉을 정하고 '핸드백 속이 복잡해지는 나이'라고 키카피key copy를 뽑았다. 매출 대박이다.
– It's Killing! 죽여주네!

위의 사례에서 죽여주는 것은 무엇인가? 죽여주는 결과이다. 이것은 유일한 것으로서 독창적 경쟁력을 갖게 해준다. 킬링 포인트란 단순하면서도 강력한 경쟁력을 품고 있어서 이런저런 방향으로 따져볼 필요가 없는 것이다. 그래서 최고의 찬사와 공감을 끌어낸다. 그런 의미에서 이 책은 '나만의 차별화된 전략 찾기', '문제의 늪에서 벗어나는 해결점 찾기' 등 '아무도 보지 못하는 것 찾아내기'의 지표가 될 것이다.

'킬링 포인트'라는 강력한 경쟁력을 갖게 되면 어떻게 될까? 당신은 인정받고, 대우받으며, 문제에서 자유로워지게 된다. 이것은 승자의 모습이다.

이번 책에 광고 캠페인과 프레젠테이션을 위주로 사례를 제시하다보니, 개인브랜드 관리인 PI Personal Identity 프로젝트 경험과 10여 년을 넘게 해온 상담사례를 싣지 못했다. 결국 경쟁력을 갖추어 좀더 행복한 사람이 되고자 하는 희망은 누구나 같다고 볼 때, 앞으로는 궁극적으로 사람이라는 브랜드를 관리하는 일에 더 매진하게 될 것 같다. 상품브랜드가 행복해지는 것보다 사람브랜드가 행복해지길 바라는 마음이 더 커져간다고 할까.

일등 프레젠테이션과 성공 기획을 위한 전략도출에 관해 후배들과 학생들이 던지는 끊임없는 질문에 답하고자 담담한 마음으로 이 책의 집필을 시작하였다. 그러나 많은 자료수집과 끝없는 피티의 연속으로 집필의 중단과 매진을 반복하다보니 일년을 넘기고서야 겨우 꼴을 갖추게 되었다. 그간 주장했던 바대로 생각의 결이 고르게 짜여졌는지, 킬링 포인트에 관한 메시지를 충분히 전달했는지 새삼 돌아보게 된다. 번역서에서는 얻기 힘든 현실감을 더하기 위해 지난 26년간의 실제 경험을 바탕으로 킬링 포인트의 원칙을 생생히 설명하고자 했으나, 혹여 광고주들께 누가 되지 않았을까 하는 염려도 생긴다. 그럼에도 채근하며 기다려주신 분들에게 보답하기 위해 최선을 다했음을 고백한다.

광고, 홍보, 제품개발, 영화, 출판 등 다양한 영역의 기획자들뿐만 아니라, 정치인, 기업인에서 주부, 학생에 이르기까지 삶의 기획, 즉 전략이 필요한 누구에게나 이 책《킬링 포인트》가 단순하고 강력한 솔루션을 제공해줄 수 있었으면 좋겠다. 책에서 소개한 다양한 킬링 포인트 훈련법을 통해, 어제와 다른 새로운 눈을 갖게 되어 경쟁의 장에서 성공하기를 진심으로 바란다.

끝까지 가보라.
중간에 멈춘 이들끼리는 대개 비슷한 핑계를 나눈다.
끝까지 가는 길은 외롭고 힘들지만
그곳에는 언제나 기대 이상의 결과가 있다.